人 文 社 科
高校学术研究论著丛刊

韩国民俗概论

牛林杰　刘　霞　著

中国书籍出版社
China Book Press

图书在版编目 (CIP) 数据

韩国民俗概论 / 牛林杰 , 刘霞著 . -- 北京 : 中国书籍出版社 , 2022.11

ISBN 978-7-5068-9282-7

Ⅰ . ①韩… Ⅱ . ①牛… ②刘… Ⅲ . ①风俗习惯 – 概论 – 韩国 Ⅳ . ① K893.126

中国版本图书馆 CIP 数据核字（2022）第 222448 号

韩国民俗概论

牛林杰　刘　霞　著

丛书策划	谭　鹏　武　斌
责任编辑	吴化强
责任印制	孙马飞　马　芝
封面设计	东方美迪
出版发行	中国书籍出版社
地　　址	北京市丰台区三路居路 97 号（邮编：100073）
电　　话	（010）52257143（总编室）　（010）52257140（发行部）
电子邮箱	eo@chinabp.com.cn
经　　销	全国新华书店
印　　厂	三河市德贤弘印务有限公司
开　　本	710 毫米 × 1000 毫米　1/16
字　　数	193 千字
印　　张	11.5
版　　次	2023 年 3 月第 1 版
印　　次	2023 年 8 月第 2 次印刷
书　　号	ISBN 978-7-5068-9282-7
定　　价	75.00 元

目　录

第一章 绪 论

一、韩国民俗的概念及特征

"民俗",顾名思义,就是民间的习俗。它与普通百姓密切相关,涵括衣、食、住、行、宗教信仰、文学艺术、游戏娱乐等多个方面,范围之广,牵涉之众,是其他领域难以企及的。正是由于这种普遍性,民俗在人类生活中占有举足轻重的地位。从微观上说,它与每个人息息相关,影响到每个人的生活习惯、思考逻辑与行为方式;从宏观上说,作为文化的重要组成部分,它形成了文化的底调,从多个侧面投射出文化的发展水平与发展方向。例如,处于奴隶社会的人类曾有用活人作祭品的习俗,客观反映了这一阶段生产力不发达、政治上完全无视个人权利、思想上迷信巫术等阶段特征。

"民俗"还可以理解为民族的风俗。由于地理、种族、历史和文化等方面的差异,即便处于同一社会发展阶段,不同民族也通常展现出不同的风俗。每个民族的习俗是该民族生产力、文化意识、历史背景等多方面因素糅合形成的自然产物。因此,考察一个民族的民俗文化,是较全面客观地了解该民族的最有效手段之一。

韩国的民俗是一个庞大的课题,涵盖了朝鲜民族的物质生产、物质生活、精神生活、文化创造等各个方面,客观反映出朝鲜民族的逻辑思维方式和文化心理特征,于我们加深对该民族的了解有着非凡的意义。

在漫长岁月里,朝鲜民族积累了丰富的物质生产成果,创造出了璀璨的文化。韩国处于汉字文化圈,历史上受到中国的巨大影响,韩国民俗也与中国民俗极其相近。但是,绝不能因此就将二者简单等同,或者将韩国民俗看作中国民俗的分支。判断一个民族的民俗是否具有独立性,要看其是否体现了该民族独有的文化特征,或称文化心理。很明显,韩国民俗体现了朝鲜民族独特的文化心理,朝鲜民族有"恨民族"的别称,其文化以失意、怨懑为主调,民俗中偏爱青色、白色的传统充分反映了这一民族心理特征。即便中韩两国因文化影响,表面上相似的民俗,究其源头,也有着截然不同的文化背景,甚至包含着相去甚远的文化内涵。曾经引发争议的"端午祭"事件就是如此。中国有端午节,韩国有端午祭,两国都有在这天荡秋千、扎五彩丝线等风俗,但二者又有着本质的不同。中国的端午源于对屈原这一历史人物的纪念,附会了儒家对"忠"这一理念的宣扬;韩国端午祭则始于对山神等各种土著神的祭祀,是韩国传统信仰——萨满教的表现形式。可见,韩国民俗以其独特的民族文化为背景支撑,反映的是朝鲜民族特有的文化心理,因此,是一种独立的文化现象。

韩国的民俗有如下主要特征。

第一,以朝鲜民族的"恨"文化心理为主基调。从韩国内部条件来看,朝鲜半岛山地约占三分之二,耕地不足,资源短缺,自古经济不够发达。另外,历史上韩国曾多次受到周边邻国的侵略与压迫。这些因素共同作用,形成了暗基调的民族文化,即失意、怨懑的"恨"文化。这种"恨"文化体现于韩国民俗的各个方面,构成了韩国民俗的显著特征,是韩国民俗的主基调。

第二,节令性强。朝鲜半岛四季分明,加之朝鲜民族感受力敏锐,使韩国民俗呈现出明显的节令性特征。除岁时饮食、岁时游戏外,节令性还突出体现在酒文化上。韩国有在重要节令酿酒的习俗,如清明酿清明酒、流头日酿流头酒等等,这在其他文明中是不常见的。

第三,留有很深的巫俗印记。这里所说的"巫"指韩国传统的萨满巫术活动。从金东里等韩国作家的文学作品中可以清楚得知,直到二十世纪初,萨满信仰仍广泛活跃于韩国的民间。萨满是一种原始色彩浓郁的典型的巫术信仰,其理论依据是通过交感巫术(顺势巫术、接触巫术)等实现人对自然的控制,以达到人所希望的目的。这种巫术信仰渗透于韩国民俗的几乎各个方面:生产民俗中有祈求丰收的祭祀活动,生活民俗中有对各种神的供奉,民间文学中有大量的叙事巫歌,民俗游戏中有起源于农事祈愿的四物游戏……至今,韩国民俗仍留有明显的巫俗印记。

第四,具有浓郁的儒学色彩。即便民俗运动跆拳道,其套路及指导原则也无不嵌含了儒学思想。韩国学者时常把儒学称为"儒教"并将之与"巫教"并列,但事实上,这样做很不科学。姑且不论"儒"是否是一种宗教,根本上"巫"与"儒"处于人类文化的不同发展阶段。前者出现于原始社会时期,那时的人类相信万物有灵,将自己列于同世间万物平等的位置,认为自然规律藏于模仿之中,试图通过顺势巫术实现对自然的掌控;而"儒"出现于封建社会时期,此时的人类文明已比较发达,人严格按照等级秩序限制自身行为,并希望在"儒"的规范下进一步完善社会秩序。可见,"巫"是人类对自然的最初挑战,"儒"则是针对人类社会的试验;前者的目的是在自然的平等秩序中实现一种控制,而后者的理想是在人类社会的不平等秩序中达成一种平衡。儒家思想对韩国民俗的影响远远晚于巫的影响,至早不会早于公元前二世纪。事实上,恐怕直到朝鲜王朝性理学大行其道,儒家思想也几乎没有影响到韩国的民俗。因为民俗是中下层百姓文化的集合,一种自上而下传播的思想除非蔓延至社会最底层,否则是很难影响到风俗文化的。可以推测,目前韩国学术界普遍公认的对民俗的儒学解释很可能是后来作出的附会,与民俗本来的真正含义大相径庭——这些原始的含义早已湮没在了时间长河之中。不过,在后来崇儒思想的全面洗礼下,韩国民俗确实吸收了大量的儒学因素,也是不可否认的事实。

二、韩国的民俗学研究

民俗学(folklore)是关于民俗的学问,是一门研究信仰、风俗、口传文学、传统文化及思考模式并阐明这些民俗现象的时空流变意义的学科。民俗学的研究迄今已有150年以上的历史,出现了以穆勒(Friedrich Max Müller)为首的语言学派和以泰勒(Edward Burnett Tylor)为首的人类学派等代表学派。民俗学的早期代表人物是德国的格林兄弟(Jacob and Wilhelm Grimm),当时"民俗学"一词尚未提出,德国使用"人民学(volkskunde)"一词,英国及其他欧洲国家使用"大众古俗(Popular antiquities)"或"俗文学(Popular literature)"。1846年,英国考古学家汤姆斯(W.J.Thomas)在写给《雅典娜神庙》杂志的信中提出用folklore一词来概括这一新兴学科,此后民俗学风靡欧洲。"民俗学"的本来含义是"民众的知识"或"民间的智慧(The Lore of Folk)",作为科学名称可直译为"关于民众知识的科学"。中国学术界将民俗学置于社会学一级学科下,客观上说明了民俗学与社会学的关系。民俗学研究社会文化里偏中、下层的文化,其基础科学是社会学与社会学史、文化学与文化学史。另外,民俗学与考古学、地理学、语言学、人类学、宗教学等学科也有密切关系。考古学、地理学和语言学可以认为是民俗学的基础学科,这几门学科为民俗学提供基础资料、研究方法论与切入点,而人类学、宗教学则是民俗学的引申学科,在民俗材料的基础上进一步细化到人类和宗教的领域,继而又反过来推动了民俗学的研究。十九世纪下半叶开始,人们对民俗学给予了新的关注,这要感谢几位人类学家和宗教学家作出的贡献。1871 年和 1881 年,爱德华·泰勒相继出版《原始文化》和《人类学》两部著作,创立了"万物有灵观"这一术语,对灵魂观念作出了详细阐述,在学术界引起巨大反响。"万物有灵观"是西方第一个以大量民俗学资料为基础的、关于宗教起源的科学研究性论断。1890 年,詹姆斯·乔治·弗雷泽(James George Frazer)发表了他的天才的划时代巨著:《金枝》,此后又相继出版《永生信仰和死人崇拜》《〈旧约〉中的民俗》《自然崇拜》《火的起源神话》《原始宗教中对死者的恐惧》等著作,其中《金枝》被誉为"人类最伟大的书之一"。在这部书中,弗雷泽引证了大量民俗资料,对巫术和宗教问题提出了独到的见解,引发了多个学术领域的革命,文学领域的神话——原型批评理论即因此催生,民俗学研究也因而焕发出新的活力。

最初的民俗学研究主要依据书面资料,从十九世纪下半叶开始,实地考察的风气逐渐形成。民俗学广泛使用比较研究法,比较两个或多个民族之间的相似与不同,从中得到启发。此外,结构主义方法也是民俗学常用的方法论,它十分重视研究对象自己揭示事象的规律,目前已在学术界广泛应用。1958 年法国列维·斯特劳斯(Claude Levi-s Trauss)的《结构人类学》及《亲族的结构》等即为应用了结构主义的民俗学著作。随着研究的发展,民俗学的研究方法日趋灵活。根据研究对象不同,民俗学可分为口头民俗学、风俗民俗学、宗教民俗学、物质民俗学等。1914 年开始,部分民俗学者提出在研究文明民族的同时还应以野蛮民族为研究对象的主张。

韩国的民俗学研究起步较晚,二十世纪二十年代,崔南善与李能和分别于《启明》(1927 年 19 号,启明俱乐部出版)杂志发表《萨满教劄记》和《朝鲜巫俗考》,是为韩国民俗学研究之嚆矢。此后,文一平、李殷相、李丙焘等学者相继发表相关著作。他们的研究都以书面资料为依据,自发性强,课题也比较分散,并未把民俗学当作一门专门学问。将韩国的民俗学发展为一门独立学科的是宋锡夏（1904～1948，号石南）和孙晋泰教授。毕业于日本早稻田大学史学系的孙晋泰教授致力于研究民俗学理论，为韩国建立了较为系统、完善的民俗学理论体系；宋锡夏教授则致力于收集民俗资料、振兴民俗艺术，他始建朝鲜民族学会，创立首尔大学人类学专业，任光复后韩国第一届民俗博物馆馆长，被誉为"韩国民俗学之父"。

三、韩国民俗和东北亚

民俗是一门有趣的学问。从纵向看，它经历了从原始氏族社会到奴隶社会、封建社会、现代资本主义社会的变迁，每个社会发展阶段，人类都会根据当时的思维方式赋予其新的诠释，使其带上现阶段的思潮色彩。因此，通过对民俗史的纵向考察，可以把握人类每个发展阶段的生产、生活特点乃至思考方式，对人类学和社会历史学研究有重大的意义。从横向看，不同国家和地区的民俗往往呈现出惊人的相似。弗雷泽在《金枝》中列举了欧洲各个民族的篝火节，不同时间、不同民族举行的篝火节有着大致相同的原始含义，即烧毁旧神、让新神复活。这一含义可以引申为"净化说"，即毁灭不洁物；另外，通过毁旧诞新，实现旧与新的更替，从顺势巫术的角度来说，意味着重新繁盛，因此，这一仪式也代表了对多产的祈望，故而多选在春夏举行，用以祈祝谷物的丰收。弗雷泽没有列举东北亚的事例，但是，我们知道：中国很多地方盛行"跨火盆"的婚俗，新娘在踏入婆家之前必须跨过一盆燃烧的火，可以推测，这也是取"多产"的含义，祈祝新娘为婆家添丁进口；韩国除婚礼上的"跨火盆"外，还在正月十五举行"烧月屋"的活动：在月亮升起时，将竹子、稻草、松枝搭成的"月屋"烧掉，并根据火势大小和月屋倒塌的方向占卜农事。这与艾弗尔山区焚烧柴草和山毛榉搭的"茅屋"（也称"城堡"）并观察烟的方向以预测农事的风俗极其相似；日本在春分仪式"节分祭"上燃烧松枝的习俗一直延续至今，其夏季的"送火"和焰火比赛大约也可以理解为仲夏节篝火的变种。可见，广至东西方，狭至东北亚，各个民族的民俗呈现出惊人的一致，客观上反映了原始人思维逻辑的同轨。这一点也同样体现于神话，几乎每个民族的神话中都有关于世界毁灭的内容。从天文宇宙学的角度来看，这也未尝没有其科学性。民俗这种于无意识中融会原始巫俗迷信与科学的特点极其神秘，形成了民俗学的独特魅力。

从不同民族的相同民俗入手，可以加深我们对种族学和民族文化交流史的认识。韩国民俗同中国、日本的民俗多有相似之处，一方面是基于三个国家彼此相似的社会历史背景与文化心理特征，另一方面也是三国文化交流的活证。例如，韩国的跆拳道与我国的武术、日本的空手道多有相似之处，这是因为究其来源，跆拳道是两者与韩国花郎道结合的产物，是古代中日韩三国武术交流的见证。

从相同或相似的民俗中可以寻见两个民族的心理亲缘性，将之发展为联系两个民族的亲缘纽带。较之其他国家，中日韩三国之间有着更多相似的民俗，意味着三国有着更亲近的文化心理和文化关系。不幸的是，事与愿违，近年来中日韩之间围绕相似民俗发生了争执，爆发了中韩"端午祭论战""蚩尤论战"和韩日"剑道论战"等，让人扼腕叹息。笔者认为，无论一个民俗现象最初发生于何地，在长期的"本土化"过程中，它们已成长为砧木上的一根新枝，具有了砧木的特征，不能生生将其剥离下来。面对这种"相似"，今天我们更应该秉持肯定的态度，心怀亲切感，努力让其成为结友的契机，而不是争议的导火索。通过对韩国民俗的研究，一方面可以比较客观地把握这些民俗现象的特征，认识到它们已经成为韩国文化的重要组成部分；另一方面，通过把握民俗中体现出的文化心理和民族意识，可以进一步加深对朝鲜民族的了解。

第二章　物质生产民俗

　　物质民俗是指在人们的日常生活中有形存在的居住、服饰、饮食、生产、交通、工艺制作等文化传承。无论社会如何发展,民俗现象如何变迁,有关衣、食、住、行等传统,总是以相对稳定的形式传承下来。物质民俗可以分为物质生产民俗和物质生活民俗。物质生产民俗是一个国家、一个民族或一个地区的社会大众,在一定生态环境里进行生产实践活动所创造、享用和传承的物质文化现象,具有地域性、季节性、功能性和科学性等特点。具体来讲,物质生产民俗又可以分为农业生产民俗、渔业民俗、林业和狩猎民俗以及商业民俗。

　　韩国是一个历史悠久的国家,三面临海,山区众多,自古便有林业、狩猎及渔业存在,西部和南部平原地带的农耕活动兴起较早,长时间的社会生产活动形成了其固有的渔业、农业、林业和狩猎民俗,而随着社会的发展,商业在古代韩国社会也有一定的发展,从而形成了独特的商业民俗。

第一节　农业生产民俗

　　农业生产民俗是伴随古代农业经济发展而产生的文化现象,是农民在长期生产实践中逐步形成的文化产物,它既是生产经验的总结,又是指导生产的手段。从自然环境方面来看,韩国虽处较低纬度,但由于三面环海,加上受季风影响,与同纬度其他地区相比温度较低,属于冬严寒、夏酷暑的大陆性气候。韩国的山地集中在北部和东部地区,所以农业聚集在南部和西部地区。在韩国历史上,农业一直是民生的主业,围绕着农业生产形成的丰富多样的民俗现象已成为物质生产民俗的重要组成部分。

　　农业生产民俗包括农时节令民俗,占天象、测农事民俗,祈求丰收与禳灾民俗,农业生产过程的习俗,农业娱乐风俗习惯等。由于农业生产活动具有明显的季节性和阶段性,农民的生活也具有明显的季节性和周期性。根据农作物的生长,农事活动可以分为准备、播种、培育和收获四个阶段,准备活动一般在农闲期(阴历11月到次年2月间)进行,播种在3月和4月完成,4月和5月初进行插秧,5月到7月间进行培育,收获则一般是在8月到10月间进行。在每一个阶段,农民们都会举行相应的民俗活动,如农闲时期有祈求农业丰收的祈丰民俗,作物生长时期有祈雨祭、农神祭等生长民俗,收获后有感谢神灵和庆祝丰收的收获民俗。

一、祈丰民俗

　　从农闲期开始到次年阴历二月间进行的农业民俗及这一时期的岁时风俗可以分为几类,其中最重要的便是为祈求丰收举行的祈丰民俗,而祈丰民俗中最具代表性的则是内农作。

　　内农作是朝鲜王朝初期到壬辰倭乱前由民间传到宫中并在宫中盛行的一种民俗活动,其中一部分以青少年团体游戏的形式一直保存到了二十世纪六十年代。内农作就是指将稻草绑成旗杆,把棉花挂在顶端,下挂水稻、谷子、高粱等农作物的穗,从凌晨起孩子们围着旗杆转圈唱歌,以祈求丰收。在宫中,内农作会以分组比赛的形式进行,做得最好看的队伍将得到奖赏。

　　实际上,内农作起源于"禾积"的岁时民俗,《东国岁时记》中记载:在正月十五晚上,人们将稻草绑成旗杆的形状,在里面放上水稻、谷子、高粱等农作物的穗,并把棉花挂在顶端。之后,把做好的稻草旗杆放在自己家的旁边,用草绳将其固定,这就叫做"禾积",意在祈求一年农事的丰收。在山区,人们则将多杈的树干立在牲畜圈后面,并在上面挂上谷物和棉花的穗,孩子们会在凌晨时分起床,围着树干绕圈唱歌,一直到太阳升起。孩子们在凌晨围着树干唱歌祈祷的民俗与日本、印度等同样属于水稻文化圈的国家民俗有所不同。

　　内农作的祈丰可以看做是一种"稻作仪礼",其源头在于谷类栽培。

在朝鲜半岛,到了朝鲜王朝后期,水稻栽培变得普遍化,但由于水稻的栽培方法比较难,加上水稻已经成为左右整个国家农耕丰收与否的主要农作物,这种祈求水稻丰收的祈丰民俗便盛行起来。

水稻栽培文化的代表性祈丰民俗还有很多,如以男性为中心的农乐、拔河、石战和以女性为中心的群舞等。这些活动往往具有很强的团体性,这是因为水稻栽培需要良好的灌溉条件和团体劳动,所以都是以团体聚居的村落为社会基础,从而形成了带有鲜明团体性质的多种祈丰民俗。

除此之外,韩国民间还有很多祈求农业丰收和占卜农事的民俗活动,如在阴历十一月份,韩国各地大多数水池都会出现"龙耕"现象,它是指由于气温低至0℃以下,莲花池水结冰的图案就像用犁耕田的形状,故而得"龙耕"一名。人们常会根据龙耕的形状来占卜明年的农事,龙耕如果是南北走向就会丰收,若是东西走向就要歉收,如果东西向、南北向兼有就会是个平常年。在立春这一天,人们把五谷倒入锅里炒,从锅里最早跳出来的谷粒,就会是这一年收成最好的作物。到了正月十五,人们在树干分长出树枝的地方放上石头,并在上面盖上彩色的布,这样就把这棵树上的木神嫁到了另一棵树上,人们相信在这天嫁出的树不仅收成会好,结出的果实味道也会更好。正月十五晚上迎月的时候,人们还会进行"烧月屋"的民俗活动,人们根据火的烧势来占卜一年的农事。如果火势均匀,就预示着今年会丰收,月屋倒下方向指示的便是丰收的村庄;如果火在燃烧的过程中灭掉,就预示着今年会歉收。也有人在阴历二月初二时炒黄豆来预测今年的收成,将一公斤黄豆加大麦放入锅中炒,炒完后若还能有一公斤就代表会丰收,相反则会歉收。

这些祈丰民俗是在生产力水平低下和科学技术不发达的古农耕时代,人们为了生存而将农事丰收寄托于天地等自然神灵的本能行为,这些民俗虽带有一定的迷信色彩,但却表达了人们最朴素真实的生存愿望。

二、生长民俗

生长民俗是指从播种到收获,即农作物生长期的农业民俗。只是生产民俗大都集中在正月以及中秋时节,播种和插秧时期的生长民俗相对较少,特别是播种民俗更为稀少。但由于播种和插秧的时间差很小,可以将两种民俗视为一体,而这一时期的民俗从节气和时令上来看,很多和岁时民俗相重合,因此可以说生长民俗具有一定的复合性。这一时期典型的生长民俗有春耕祭、端午祭、龙祭(农神祭)和祈雨祭等。

春耕祭是韩国庆尚北道地区在阴历三月初三时进行的一种祭祀活动,一般在面积较大的田地里进行,人们在选好的田中摆上各种农具和祭桌,告知神灵要开始干农活了,并祈求神灵保佑能够丰收。

端午祭,又称端午跳大神,是在端午节举行的乡土神祭。江陵端午祭是最具代表性的端午祭,已在 1967 年被指定为韩国第 13 号重要无形文化财产,并于 2005 年被联合国教科文组织评为世界非物质文化遗产。根据古书记载,韩国各地都有端午祭的习俗,但是祭祀的神灵却不尽相同。流传至今的端午祭主要有祭祀大关岭山神、大关岭国师城隍和大关岭女城隍的江陵端午祭与祭祀门户长的庆尚南道昌宁郡灵山地区的门户长祭。

江陵端午祭从阴历三月二十号制作神酒开始,四月初一和四月初八在大城隍寺祭祀,向神献奏、读祝并献上巫乐。四月十四日晚在国师城隍寺祭祀后,到山顶迎接大关岭国师城隍,之后回到江陵,途经女城隍寺时进行祭祀并迎接女城隍。四月二十七日跳大神,五月初一在江陵南大川的本祭厅开始本祭,连续几日在此处跳大神、跳官奴假面舞,并举行各种民俗游戏。最后,在五月初七举行送神祭,将两位神送走。端午祭作为江陵地区最大的民俗活动,古时由郡守担任祭官,现在改由江陵市长担任。祭祀的主要目的在于祈求大关岭地区道路通畅、农业丰收、渔业兴旺。此外,在祭祀的三天前就在大关岭山神堂和城隍堂扯上线,禁止外来者和不净之人进入。

龙祭,又称龙王祭、龙神祭或农神祭,是农家在六月流头日(阴历六月十五)或七夕日对龙王进行的祈求丰收的祭祀。韩国认为各地的水中都有神灵,其代表便是龙王,所以人们会到水边或海边进行龙王祭。龙王祭的形式在各地迥异,有的人家是主妇亲自主持祭祀,有的则是请巫女跳大神。个人进行祭祀时,需提前一天沐浴,在月亮升起时到水边或海边摆上祭品祈求。以村长为首进行团体祭祀时,需事先选好祭官,祭官一般由村长担任,一周之内不能外出,更不能去办丧事的人家,祭祀程序也是摆上祭品之后面向月亮祈福。若请巫女跳大神的话,祭祀程序就相对比较复杂。人们先在女海娘祠堂降神,然后端着神木来到海边,进行水国皇帝祭,喊出水中的冤魂并给以慰藉。第二天人们在海边设置祭堂,向龙王祈求安宁和丰收,巫女则站在装有海水的水缸上跳大神,这个水缸称为"龙缸"。在祭祀时,用白纸将米饭包起扔进水中,以此来祭祀水中的龙王,有时也会用写有人名字的白纸包上五谷饭再扔进海中。在山区和以旱地为主的地区,人们一般直接在村庄进行农神祭。在农活开始忙碌的时候,村长敲锣召集全村的人在村里的老树下准备祭坛,祈求农事丰收、村庄太平、村民平安。

祈雨祭是指在出现旱情时祈求下雨的祭祀。古时候,如果过了夏至还不下雨,就要举行祈雨祭。祈雨祭有国家主持的,也有以村庄为单位集体进行的,祭主可以是君王、地方官员或村长等。祈雨的方法有很多,比如祭祀龙王、盗碓或倒挂水瓶等。韩国自古平均三四年就会遭遇一次旱灾,因此从三国时代起就盛行祈雨祭。君王认为国家遭遇干旱是自己行政出错上天给予的惩罚,所以会亲自主祭向天神祈雨,制止朝廷中的奢侈浪费,移居至简陋的地方并赦免部分罪犯等。民间则会在山中或水边设置祭坛,祈求神灵赐雨,这时,一般都是一个地区或一个村庄的居民一起行动,祭官由地方官员或村长担任,祭品包括猪、鸡、水果、年糕、米饭等,非常丰盛,有时候还会同时请巫女跳大神。

这些祭祀都是为了让处于生长期的农作物能够得到更加适合的生长环境,以获得丰收。同时,农作物的生长期也是农民们最忙的时期,所以这段时期开始前有犒劳长工的民俗,二月初一叫做长工日,这一天,为犒劳即将开始干农活的长工,主人准备好美酒佳肴,长工们吹起农乐,载歌载舞,尽情娱乐。这一天主人们还会按照年龄给长工们分发年糕。

三、收获民俗

收获民俗是指庆贺丰收的民俗,按照时期可以分为夏天的流头荐新、中秋的中秋荐新和初冬的告祀荐新以及百种节,这里的荐新是指用新收获的东西进行祭祀。

流头荐新一般在阴历六月十五左右举行,这一天的主要活动是将新收获的果实供给祖先或带食物出游,所用的食物都是刚刚收获的西瓜、甜瓜等水果或用新收获的农作物做成的面条、年糕、水团、干团、霜花、莲饼等,所以虽然正值水稻的生长期,但这并不属于生长民俗,而是一种旱地农作物的收获民俗。

百种日指阴历七月十五,又叫"亡魂日"或"中元"。顾名思义,百种日是指各种水果和蔬菜成熟,能够收集一百种庄稼的种子的时节。关于这个日子的史料都指明其来源于新罗和高丽时期的佛教仪式——盂兰盆会,但从农业生产的角度来看,百种日是一种杂谷的收获民俗,是农民在收获后进行庆祝和休息的日子。自古以来,在这天人们会聚集起来,欢腾达旦。有的地方还会举行摔跤比赛或玩打木球等游戏。长工们也会休息一天,农事丰收的家里还允许长工骑牛或坐轿以示慰劳。农村在百种日的前后会有集市,叫做"百种场"。主人会在百种日给长工买新衣和赶集的钱,叫做"百种钱"。

收获的时期也会有慰劳长工的民俗,"洗锄宴"就是其中之一。阴历七月份,农活基本告一段落,人们会挑选一天,家家户户准备酒菜,唱歌跳舞予以庆祝。从这时起,劳作中基本不再使用锄头了,所以在这天把所有的锄头都仔细洗过收起来,故而称为"洗锄"。"洗锄宴"上,农夫们演奏农乐,村子里选拔出平时表现最好的长工进行表扬,让他戴上笠帽,骑牛绕村一周,还请他喝酒。长工主人则请全村人吃喝一顿。

中秋节的中秋荐新是一个以男性为中心的祭祀活动,与祖先崇拜关系密切,一般是以秋天刚收获的水果和谷类来祭祀家中的祖先。告祀荐新则是以主妇为中心的家庭祭祀活动,也是韩国最原始的收获民俗,这里的告祀实际上是祭祀各种神灵,祈求家人平安、消灾除祸、农事丰收。

第二节　渔业、林业和狩猎民俗

韩国三面临海,且国土面积的 70% 以上都是山林,所以自古以来生活在沿海地区和岛屿地区的人们都以渔业为生,而东部和北部山区的居民则以林业和狩猎为生,大海和森林分别为他们提供了生存繁衍的基础。原始时期,限于生产力水平的低下和科学技术的落后,人们怀揣着对山水神灵的敬畏之心,在长期的生产生活实践中形成了独特的信仰和生活民俗,并代代流传下来。

一、渔业民俗

渔业民俗是渔业文化的主要内容。韩国三面临海,海岸线长达26000千米,有3305个岛屿,临近海区面积达157万平方千米,接近国土的七倍,加上处于海洋寒暖流交汇区,自古渔业比较发达。据考证,早在旧石器时代,韩国就已经有了原始的渔业,经过漫长的历史时期,逐渐从最初的用手抓捕发展到现代捕捞方式,活动范围也从淡水流域扩展到海洋。

长期从事渔业活动的沿海及岛屿上的居民形成了独特的渔业民俗,这些民俗一般是祈求丰渔和平安的祭祀活动,是韩国生产民俗的重要组成部分。

捕捞生活主要依赖大海,因而对海神的崇拜一直是渔民的重要信仰,与农村中祈求丰年类似,渔村中,人们祈祷渔业的丰收。由于海中的风浪常会危及渔民的生命,祈祷出海渔民安全的祭祀活动成为了重要的渔业民俗。

渔民的祭祀活动非常多,从开始造船便进行各式各样的祭祀活动。开工之前先进行开工告祀,工匠们摆出所有的造船工具,烧纸焚香,告知神灵马上就要开始造船了,并祈求这艘船能顺利造好;造船过程中要举行舵柄祭,告知神灵舵柄已经完成;船造成之后进行船告祀,感谢神灵保佑这艘船顺利完成并祈求神灵保佑船主出海时平安无事。

此外,每个地区都有祭祀船神的民俗,船神的名字一般是"城隍""船城隍""船王"或"堂",通常被认为是女神。祭拜时,用写有船神名字的白纸或装有米的坛子——有时也用装有剪刀、线和破布的箱子——代表船神,白纸通常被挂在船帆上,而坛子和箱子则在室内祭祀。

对船神的祭祀主要在正月里定期举行,此外,收成不好、固定龙骨或船进水时,渔夫们都会在自己的船上放上供品举行祭礼。

正月里祭船神时先给船神呈上所有供品,再在每个角落简单地摆上供品并进行祭拜。固定龙骨时船主和所有船员一起祈祷船能顺利晾干。船进水时,船主会请巫女来跳大神以娱乐龙王神和船神。捕鱼量少时,重新制作船神的神位并选择太阳升起的时间举行祭祀。

一般说来,船神祭祀都以船主为首进行,女性不能参加,其程序是先提酒行礼,再把供品一点点拿出来放在酒杯中,洒在船板上,为使一些杂鬼也能分享到,船主还会把供品撒在船的前、后和中间位置。

除祭祀船神外,丰渔祭也是渔业民俗的重要内容。丰渔祭是祈求渔业丰收和渔民平安的祭祀活动。它一般以渔村为单位,邀请巫女来进行。韩国各个海岸都有自己独特的丰渔祭,其形态、程序和名称都不尽相同。1985 年 2 月 1 日,丰渔祭被指定为韩国第 82 号重要无形文化遗产,其中东海岸的别神祭和西海岸的大东祭等很有代表性。

在东海岸地区,渔民们每年举行祈求渔业丰收的盛大活动,其中别神祭最为隆重,每年或者每隔几年举行一次。别神祭有三十多个程序,全体村民在巫女的带领下的群舞以及表演家神降福的"成主祭"等都具有游戏的性质。

大东祭是西海岸渔民举行的规模最大的丰渔祭,它的程序也有二十几项之多,其中降神后巫女带领全体村民在祭坛跳舞的"迎堂神"以及模仿射猎祭祀用野猪等步骤都具有很强的游戏性。

二、林业和狩猎民俗

现代社会中,林业指人们在山中培育和保护森林以取得木材和其他林产品、利用林木的自然特性以发挥防护作用的生产部门,包括造林、育林、护林、森林采伐和更新、木材和其他林产品的采集加工等;而狩猎则成为一种运动或者娱乐方式。但在原始社会中,对山地居民来说,森林是其生存的基础,是主要生产生活用品的来源,他们在森林中伐木、狩猎,获取食物及建造房屋和取暖用的木材,并用动物的毛皮、骨头制作衣服和各种生活用具等。林业和狩猎民俗是人类在长期林业和狩猎生活中形成的古老的、具有普遍意义的传统文化心理特征,是传统文化的心理和行为积淀,在民俗中占有重要的地位。大多数林业民俗是俗信(人们在长期的生活、生产中形成的约定俗成的传统理念)而不是迷信,它源于山地居民对山林的高度依赖和对神灵的畏惧崇拜,是山地居民对经验教训的总结和记取。

韩国是一个多山的国家,国土面积的 70% 以上都是山地,山林一直是多数居民生活资料的来源及主要生活舞台,林业和狩猎是山地居民的主要经济活动。随着社会经济的发展,在现代韩国社会中,狩猎仅仅作为一种娱乐和运动而存在,原始意义上的林业活动已经消失,但林业和狩猎民俗有一部分保留了下来,其中最具代表性的便是对山神的崇拜。

林业居民对山神的崇拜在林区居民的一些生活习俗、民俗游戏以及祭祀活动中都有体现。江原道地区存在着这样的习俗：人们将树木砍倒后马上在伐木的地方盖上泥土，这是因为人们认为每一片山林都住有山神，他们是山林的统治者，工作是在自己管辖的山上种树，如果砍树被山神知道了，人们就会遭到惩罚。

庆尚南道庆南昌宁郡灵山地区有一种民俗游戏叫做"木牛戏"，又称"斗木牛"。游戏方法是两组队员互相推对方的木牛，先推倒对方木牛者胜。游戏前两队都要伐木制作木牛，选好要采伐的树木之后，采伐人员必须沐浴斋戒，并告祀山神，体现了人们对树木拥有者山神的崇拜和尊重。

猎人也是依靠山林生活的，在最原始的时期，狩猎曾是主要的生活方式，但在农耕不断发展且成为社会主要生产方式之后，狩猎就和农业相结合，一般都是女人从事农业，男人进行狩猎。

猎人们也同样崇拜山神，如果连续几天一无所获，他们就祭祀山神。凌晨，猎人们来到山林深处，朝着百事皆宜的方向摆上水果、果脯、酒等祭品，烧纸祭祀。此外，如果猎到獐子、野猪，为向山神表示感谢，也要举行祭祀。他们会当场割下猎物的耳朵或舌头，用干树叶包好，放上筷子，作为祭品献给山神。同时把枪收起，向山神行两次礼。山神祭最早始于沐浴斋戒、至诚地向山神祈求获得猎物的习俗。山林中的动物被认为是山神的所有物和保护物，所以猎户们认为他们的猎物是山神赐予的礼物。

值得注意的是，韩国的山神有几个特点：首先，山神总是和老虎一起现身。在山神像里，老虎作为山神的使者，被描绘为白发老翁胯下的坐骑，因此猎虎时要称其为"山神灵"或"山君"。其次，山神为女神，因此有很多关于山神和猎人结婚的神话及民间传说，据《高丽史》载，高丽太祖的先祖虎景善于狩猎，后来同山神结婚。狩猎活动严禁女性参加，也同认为山神是女神的观点有很大关系。

除女人不能参加狩猎活动之外，猎户们还有许多其他禁忌，例如家里的狗刚下崽的话也不能狩猎。

第三节　商业民俗

　　商业是指以货币为媒介进行交换从而实现商品流通的经济活动,是社会发展到一定程度才出现的,它发生在流通领域,而流通过程主要在民间实现,离不开民众,并反映民众心理。商业的行为方式,从"日中为市"开始,大都是约定俗成的,依据一定的社会潜在契约进行,这些都形成一种民俗,即商业民俗,它是物质生产民俗的一部分。

　　商业与农业、渔业、林业等第一产业有着很大的区别,由于不直接生产产品,受自然环境制约相对较小,但对人文社会环境的变化却相当敏感。它受物资的交换方式支配,商业民俗也由此而生。商业民俗一般表现在商人的民俗、市场民俗、交易民俗和商人组织民俗等方面。

一、商人的民俗

　　韩国的商业有一定的发展历史,在狩猎和初期农耕社会,社会处于自给自足的状态,商人也就没有存在的可能,后来,随着社会生产扩大,城市出现并不断发展,各种类型的商人也开始出现。韩国商人主要有客主、居间商、旅阁、京江商、市廛商和褓负商等,各种商人的生活方式、商品、商术和组织形式都有所不同。

　　客主是客商主人的简称,是给来往客商提供住所、替他们保管商品、促成买卖并接受委托销售的中间商,其实际业务由居间商完成。居间商介于买卖双方之间,促成买卖并给客主提供市场的交易情况、买卖者的信用情况等各种商业信息,从中赚取手续费。旅阁虽有商人住所之意,但本义是指资本雄厚的大客主,他们一般拥有大型仓库,经手各种物品。京江商又称江商,是指活跃于汉江流经的京畿道及忠清道地区的商人,他们直接从生产者手中买入各种商品,通过汉江运到各大市场并从中获利。市廛是指古代固定的大型商业街,市廛商就是这类集市上的店铺主人。褓负商则是行商的一种,行商是指流动商人,主要销售日常生活用品等,而且早在朝鲜王朝时期,为保持自己的商圈,行商便形成了严密的组织。

二、市场民俗

商业活动进行的场所——市场并不只是商品交易的场所,更是社会文化的舞台,在市场上可以看到多种民俗现象。市场是人与人见面交流的场所,也是戏剧等大众文化上演的场所,更是人们集结起来进行各种团体活动的场所。韩国最初不定期开设的集市叫做"乱场",乱场不仅是买卖场地,也是庙会举行的场所,热闹非凡,集中反映了民众民俗。后来乱场发展成为五日一次的固定集市,这种集市在多个地方都有,因为对于生产者和商人来说,仅仅依靠固定在一个地方的市场生活的话,利益就会降低;而从消费者的立场来看,固定集市能够缩短去集市的距离,也更加容易运送买回的商品。

三、交易民俗

在不同的地区和季节,商人使用不同的方式促成交易,通过研究顾客的喜好、调节市场上商品的数量并利用自己的口才来刺激顾客的购买欲。有时,他们利用组织独占某种商品,有些特殊市场更是独占一些地区特产等,从而操纵市场交易。为吸引顾客,市场有时会举行摔跤比赛、拔河比赛等民俗游戏。为了生意兴隆,商人们还祭祀周围的山神和龙神。此外,市场也是口碑文化的集结地。在通信和交通不便的古代,大家在集市见面,互相交换信息,更有一些商人编唱些民谣等来吸引顾客、销售商品,说唱艺人也会到市场上去表演。因此,可以说,市场是民间文化的发生地和聚集地。

随着社会的不断发展,商人的销售能力也不断增强,为买到更便宜的商品,他们高度重视自己在生产商眼里的信用;为高价卖出商品,商人们不断研究商品保鲜和加工的方法,同时加强宣传。

四、商人组织民俗

商人组织民俗也是商业民俗中不可忽视的一部分,如褓负商就有自己的组织——褓负商团,褓负商们在这个团体中传承商圈的民俗。他们于固定的地区范围内,在客主、居间商和作为生产者的农民、渔民中间活动。每个地区的褓负商都会有自己的名字,如松商、万商等,且每个地区的褓负商都有自己的商团,韩国历史上比较有名的褓负商团有商务右社、商务左社、商务社以及八邑商务社等。这些商社都有严格的规定,会员加入后必须遵守规矩,一旦退出组织就不能再从事商业活动。组织成员每年春秋都要交纳会费,春天交的叫做"春收钱",在会员生病时使用;秋天交的叫做"秋收钱",有会员死去时用来置办丧礼。社团每年召开比赛,比赛过程中会摆上公文进行祭祀,叫做"公文祭"。公文祭是一种典型的商业组织民俗。举行祭祀时,该地区所有的褓负商都要参加,其仪式是儒教式的,过程中还有相当于社歌的"公文祭歌",祭祀仪式结束后由领导进行"训示",主要是讲述褓负商团的业绩、使命感和统率力等。会后商社全体成员在一起进行农乐和四物游戏等传统娱乐活动,且娱乐队伍走到集市上展示集市的繁荣,这被称为"褓负商游戏"。但是,这些曾经活跃于商界的褓负商团在经历了日本殖民地统治之后全部消失了。现在我们只能在史料中发现其存在的痕迹、在地方上再现过去民俗的活动中感受其魅力了。随着社会经济水平的不断提高和经济全球化的进行,韩国经济早已融入世界经济之中,商业也采取了现代化的方式,古时的商业习俗逐渐失去了踪影。

第三章　物质生活民俗

　　物质生活是人类的基础生活,它是人类生存与发展的物质保障。物质生活民俗是人们在利用自然资源与物质生产资源来满足自己的生理需要、社会需要与精神需要过程中所形成的习俗惯制,主要包括饮食、服饰、居住等方面的民俗。物质生活民俗的最初阶段是在不自觉的状态中形成的,人们在一定环境中生活,最先利用的是身边的自然资源,来满足自己的口腹之欲、冷暖之需、安居之便,在此过程中,它必然受到特有自然环境的影响,因而物质生活民俗带有明显的自然烙印。之后,随着社会的发展,经济文化的交流,政治观念、宗教信仰以及审美意识的确立等,物质生活民俗受政治、经济、文化等人为因素的影响增强,逐渐具备了特殊的人文特征。一个民族的物质生活民俗既是民族原初生活的遗习,也是民族生活意识的传承。朝鲜民族在悠久的历史发展过程中形成了独特的物质生活民俗,它作为朝鲜民族意识的体现,蕴含了朝鲜民族的智慧。

第一节　服饰民俗

　　韩国服饰的发展过程大体上经历了以下几个阶段。统一新罗时期,韩国服饰开始接受中国服饰的影响;高丽时期,主要受佛教与元朝服饰的影响;朝鲜王朝时期,韩国开始摆脱元朝与佛教的影响发展为儒教国家,服饰也崇尚儒服;壬辰倭乱、丙子胡乱之后,开始出现短襦和长裙;日本殖民地时期,开始流行洋装。韩国传统服饰文化,大致可以从生活服饰文化与四礼服饰文化两方面来把握。

一、生活服饰

1. 生活服饰的基本构成

朝鲜民族日常生活中穿着的生活服饰主要由以下几个部分组成。

襦：又称赤古里，即短上衣，多为白色。原为直领，后受中国服饰影响有曲领、半领、团领等各种样式。衣襟原为左衽、窄袖，与中国的右衽、广袖稍有区别。但由于贵族阶层深受中国影响，样式渐与中国趋同。男女样式相似，女式较小，在襈上稍有区别。

袴：又称裤子。颜色多为白色，初为细袴，异于中国的宽袴。后随穿着阶层与用途不同发展为多种形态，有穷袴、大口袴、裈。下层民众主要穿穷袴，贵族阶层穿大口袴，力士、壮士、摔跤手多穿裈。女式袴与男式袴基本无异，受中国南部影响，一般在袴外加穿裙子。

袍：又称周衣。多为白色与古铜色，较襦长，男女皆用，穿于襦外；分为直领交衽式、团领交衽式、曲领交衽式；领、袖口、衽处有襈；用料根据四时节气而变更。

裳：又称裙。原为女装，腰身处有褶纹，底部有襈作为装饰。长度原与襦相当，但随着襦长度的缩短，裙的长度不断增加。年轻人多着大红色，中年多着青色，老人多着玉色或白色。新罗时期，受中国唐朝服饰影响，贵族阶层穿裙以彰显身份。

带：用以系襦、袍、裙。起初用草或羽、皮制成，样式单一，后来发展为一种装饰品并成为区分身份的标识。下层民众多用布帛带，无装饰，面窄。贵族阶层多用銙带，配以名贵饰物。男用襦与袍的带一般系于身前，女用袍的带一般系于身后。

襈：韩国跟我国北方一样有服饰加襈的风俗。襈使用范围广泛，不论贵族阶层还是下层民众都在襦、袴、袍上使用襈。一是用以装饰，二是防止衣服边线脱落。其颜色多与领或衣服颜色相同。

鞋：韩国的鞋种类繁多，贵族阶层主要穿皮革鞋，如靴、太史鞋、分套鞋、油鞋等，下层民众主要穿布帛或草麻鞋，如草履、布鞋、木屐、纸制鞋等。

2. 生活服饰的种类

韩国的生活服饰根据性别、年龄分为男童服、女童服和成人服,各自都有不同的特点。

男童服

襦:男童服的襦与成人襦相似,颜色主要为绿色、玉色、粉红色等,春夏秋季用甲纱、熟库纱,冬季用洋缎、模本缎等制成,在百日或其他重要节日期间穿彩色襦。通常还在男孩彩色襦上系蓝色腰带,以求长命百岁。

风遮裤:主要用于男孩能自理之前。后开型,方便孩童排泄。颜色主要为玉色、粉红色、宝蓝色等,一般用柔软的丝绸或绒制成。冬季为防寒,在里面加塞棉。

马甲:穿于襦之外,无袖。甲午中日战争之后引入朝鲜半岛,后逐渐发展为韩服中不可缺少的一部分。主要用洋缎、贡缎、紫薇纱、甲纱等制成,颜色为蓝色、紫色、粉红色。

马古子:穿于襦、背心之外,样式与襦相似,但无衣领与系绳,中间呈展开式,系纽扣。有彩色、层叠等多种样式,材质与马甲相同,颜色多为淡绿色、玉色、宝蓝色、粉红色等。

周衣:穿于襦与背心之外,主要用于防寒。百日与节日期间主要穿喜鹊周衣或五方长周衣。喜鹊周衣正前方为淡绿色,袖为紫竹色,周边色为黄色,襈与系带为蓝色。五方长周衣与其相似,只是配色稍有不同。

战服:穿于周衣之外,无领、袖、襈。高丽时代称之为快子,朝鲜王朝时期称之为褡。原为军队用服,后因穿着方便逐渐在民间使用。主要由甲纱制成,颜色为蓝色。

幅巾:戴于头上,原用于进士服与儒服,后逐渐传至民间。现在幅巾与战服已成为孩子百日的礼服之一,前系金箔或银箔带。主要用四季甲纱制成,颜色为黑色。

它来袜与太史鞋:脚穿它来袜与太史鞋。

女童服

女孩在百日与节日里主要穿彩色襦、褙、周衣、裙、照巴为(古日来)、它来袜与太史鞋。

彩色襦：女用彩色襦比男用的短，主体颜色为绿与黄，在袖、衣领、系带上比男用装饰华丽。腰带多为紫竹色，制作材料与男用襦相同。

褙：穿于襦外，无袖。身前中央前系，主要用洋缎、模本缎制成，为绿色或紫竹色。冬季内加毛料，在衣领、接口处外加毛料。

周衣：与男用周衣基本无异，亦穿喜鹊周衣或五方长周衣。

裙：节日期间多穿大红色，冬季主要用洋缎、模本缎、贡缎，夏季主要用甲纱、熟库纱。

照巴为：一种帽子，上开口，能盖住耳朵与脸颊，外由黑色绸缎、内由绸缎或木棉做成。后逐渐用古日来替代。

成人服

成人的生活服饰主要有帖里、马上衣、道袍、周衣、氅衣、马古子等。

马上衣：又称褡护，与马褂子相同，上窄下肥，身线到腰部，无袖。因在军队大量使用，又称战袍。

帖里：又称"天益""天翼""千翼"等。袍的一种，分为上下衣两部分，直领窄袖，在腰处连接。兴起于高丽时代，在朝鲜王朝时期成为朝鲜民族主要服装。壬辰倭乱以后成为戎服，无上下之分。根据季节不同分为单衣与夹衣。

道袍：主要颜色为白色或玉色，直领宽袖，主要特征是腰身部位附有展衫。多为文官或文人外衣。

周衣：因道袍较肥，不便于日常穿着，渐渐出现了样式偏瘦便于行动的周衣，直领窄袖。主要颜色为白色、黑色、古铜色。夏季有白莫周衣、单层周衣，春秋两季有层周衣，冬季有棉周衣。

氅衣：介于道袍与周衣之间，有宽袖的大氅衣与窄袖的小氅衣。主要颜色为青色和白色。

麻古子：之前在家接待客人或出门时必须穿周衣，但随着社会发展，去近邻或在家招待客人可穿麻古子代替周衣。麻古子的主要颜色为蓝色、玉色、紫竹色、宝蓝色。由于是上层人士专用，用料多为熟库纱、洋缎、模本缎等高级衣料。

马甲：穿于襦与麻古子中间，无袖。甲午中日战争之后引入朝鲜半岛，后逐渐发展为韩服中不可缺少的一部分。主要由洋缎、贡缎、紫薇纱、甲纱制成，颜色为蓝色、紫色、粉红色。不同季节用料不同。

二、四礼服饰

受中国儒教传统影响,韩国推崇礼,素有"东方礼仪之国"的美誉。在这种社会环境下,韩国逐渐形成了传统的四礼(冠婚丧祭)风俗,四礼服饰也应运而生。

1. 冠礼服

男子成人仪式称冠,女子成人仪式曰笄,在冠礼上穿的服饰称为冠礼服。

男子冠礼仪式分为初加、再加、三加三个阶段。

初加礼意味着受礼者即将摆脱稚气、迈入成年人的行列。仪式进行之前穿童子服双紒,外穿三揆衫,腰带为勒帛,脚穿彩屦。仪式中装束改为盘头上加幞巾,脱掉三揆衫,换上深衣后系大带,屦换为履。

再加礼意味着贡献社会、遵守孝道。仪式进行时,先去掉幞巾,换帽和帽绳,然后脱掉深衣,换穿早衫,系革带,履换为鞋。

三加礼的目的是家族兴旺、兄妹和睦。先摘下帽子换为幞巾,然后脱掉早衫换穿栏衫,并将鞋换为靴。

女子笄礼较简单,受礼者头戴花冠,身穿圆衫,系革带。

2. 婚礼服

由于婚礼在人生中占有极其重要的地位,所以从贵族到庶民都极其重视婚礼服饰,服饰上没有很大区别。

新郎服饰:头戴纱帽,内穿平常衣物,外套蓝或青色官服—团领。根据官职等级,胸背上的图案也各不相同。腰间系冠带,穿木靴。婚礼如在冬天举行,里面要加穿赤衫,意味着一切事情都遂心如意。

新娘服饰:头戴都簇里与花冠,并在发团中穿上龙潜,上挂大红或黑色丝绸带,上衣为黄色或淡绿色襦,外套圆衫或华衣。黄色襦代表土地,象征万物繁衍不息。红裙象征家庭人丁兴旺。

3. 丧礼服

韩国传统葬礼分为初终、袭、小殓、大殓、成服五个阶段。根据亲属关系的远近,丧服的质地与穿着时间都不尽相同。

男子丧服:男子丧服由衰衣、衰裳、中单、曲布、首绖、绞带、腰经、丧杖、行缠、草鞋组成。衰衣、衰裳分别指上下衣,外套中单,头戴曲布,外扎首绖,腰系腰绖,拄丧杖,腿系行缠。

女子丧服:女子丧服由衰服、大袖长裙、头冠、首绖、腰绖、绞带、麻鞋组成。衰服外套大袖长裙。

4. 祭礼服

韩国十分重视祭礼,借此表达对死去亲人的怀念,并祈祷上天赐福。

男子祭礼服:内穿平时所穿白色衣物,上身外套深衣,头戴幅巾。壬辰倭乱之后深衣改为道袍,幅巾改为黑笠或儒巾。

女子祭礼服:韩国古代重男轻女思想严重,女子基本不参与祭礼活动。贵族妇女穿殓衣或素服,大多数情况下穿白色或玉色的襦和裙子。

三、韩国服饰的特点

韩国服饰发展到今天,在保持传统的同时积极吸收外来服饰之精髓,在追寻与自然的协调统一中形成了自己的特色。服饰基本样式为前开形,即整体为平面构成,袖筒为直线型,前有系带;仪礼服饰传统发达,特别是祭礼服饰庄重华丽;推崇白色,盛行白衣。

韩国服饰中,襦与袴的搭配简洁和谐,展现出单纯简洁之美。浑然一体的设计可遮盖身材短小与下体粗壮的缺点,突出上体形态,符合朝鲜民族身体特征。色彩绚丽,虽多使用白色,但设计并不显呆板土气,相反通过白色的大量使用使人感到一种和谐之美。合理使用直线与曲线,柔和的曲线配以锋利的直线,错落有致,且符合人体的身体曲线。种类丰富,分类用途明确,有大量款式新颖、穿着实用的服饰种类。

韩国素有"白衣民族"之称,其传统民族服装的一个重要特征之一是上下服装均为白色。直到现在,韩国民众仍然钟爱白色服装。我国史书中有不少关于朝鲜民族服装的记载,《三国志》载当时扶余民族"衣尚白",《隋书》载新罗"服色尚素",《宋史·高丽转》中记载"仕女服尚素"等等。高丽仁宗元年(1123年),宋朝使臣徐兢在《奉使高丽图经》中有"臣闻,三韩衣服之制,不闻染色"的记载。朝鲜王朝时期成宗十九年(1488年),明朝使臣董越的《朝鲜赋》中也有"衣皆素白"的记载。

关于朝鲜民族白衣风俗形成的原因,众说纷纭。一说是韩国古代缺乏染料,只能用麻或棉等织物的天然成色。一说认为韩国亲属之间守孝范围广且时间长,故整日身着丧服,以此为俗。一说认为朝鲜王朝明宗以后国丧接连不断,故全国民众身着白衣。以上三种提法都难以令人信服。关于染料缺乏说,学者们普遍认为韩国染料技术发达,这从韩国服饰后来的发展中可以得出结论。关于守孝说,有学者认为丧服象征不吉,这与韩国民族喜吉厌凶的民族传统不相符。国丧说也不足为信,白衣风俗并非朝鲜王朝时期独有,而是从远古时代流传下来的风俗。

那么,应该怎样认识韩国民族的白衣风俗呢?韩国民俗学家崔常寿等认为,白衣风俗起源于韩国民族的太阳崇拜。民族说中提到朝鲜民族自古极度崇拜太阳,白色代表太阳,故身着白衣表示对太阳的敬慕。其他崇拜太阳的民族如巴比伦民族、古埃及等也都喜着白衣,这是最好的辅证。韩国著名历史学家崔南善认为,研究白衣风俗的形成应从精神信仰的角度入手。白色为原始人的神圣色,彰显着宗教的价值。这就是祭礼服和僧道服大多为白色的原因。韩国民族的祖先认为,太阳所放射的表象色——白色具有极其神圣的意义,所以白衣风俗应起源于宗教意识。此后,太阳崇拜说逐渐得到广泛认可。

第二节　饮食民俗

饮食民俗指人们在筛选食物原料、加工、烹制和食用食物的过程中形成并传承下来的风俗习惯。漫长的历史过程中,朝鲜民族不仅创造出种类繁多的美味佳肴,还形成了独特的饮食风俗。

韩国的饮食大体可分为主食、副食、间食与饮品。

主食主要有米饭、大麦饭和小米饭,其中,米饭是最主要的主食。大米大麦各一半的饭被称为"大麦双半饭"。从韩国谷物的生产区域来看,北方多吃小米饭,南方多吃米饭或大麦饭。

副食包括蔬菜、鱼类和肉类食品。蔬菜中最具代表性的是韩国的民族饮食——泡菜。狭义上的泡菜单指辣白菜,但从广义上讲,泡菜是白菜、萝卜及其他蔬菜腌制品的总称。古时韩国冬季蔬菜品种贫乏,一到立冬时节,家家户户就开始腌制辣白菜、萝卜、咸白菜等泡菜。把白菜、萝卜洗净晾干之后,加辣椒、蒜、葱、海鲜等各种调味料,用大缸腌渍起来,密封半个月至 1 个月食用。沿海地区也有用海产品制成的泡菜。泡菜作为一种发酵食品,极好地保留了蔬菜中的维生素 C。此外,在充分吸收佐料营养的同时,发酵过程中产生的有机酸对身体也极有益处。韩国泡菜种类繁多,单载于朝鲜王朝时期文献的就有 150 多种。泡菜已成为韩民众生活中不可缺少的一部分,也可以说是韩国文化的一种象征。

韩国经常吃的鱼类主要有带鱼、金枪鱼、鲷科、三文鱼、鲨鱼、贝类、鱼卵等,肉类主要有猪肉、牛肉、鸡肉等。韩国荤菜里最具代表性的是烤肉。烤肉起源于高句丽时期,将肉切成薄片放到锅中烧烤,肉熟后用生菜或芝麻叶包裹,并在中间包上辣酱、大蒜、泡菜等。韩国烤肉充分保留了肉中的蛋白质,口感鲜美,营养价值很高。

零食主要为糕类。韩国的糕种类众多,主要有糯米糕、粳米糕,根据制作方法及加入佐料的不同有多种名目。点心主要有糯饣(韩国传统糖果类)、麦芽糖、油蜜果等。其中前两种比较普遍,油蜜果是一种高级点心,朝鲜王朝时期规定祭祀、献寿、婚礼之外不得使用。

韩国的饮品主要有蜜糯汤、水晶(柿饼生姜汤)和各种果汁。随着西方文化的传入,咖啡也成为韩国民众的主要饮品。酒主要分为浊酒、清酒、烧酒,外来的啤酒与洋酒在韩国也大受欢迎,年轻人和上层社会将喝啤酒、洋酒引为时尚。

一、传统特色饮食

1. 药食

药食,又称药饭,是韩国糕的一种,是正月十五的节日饮食,也是婚礼及花甲宴等重要日子做的一种上等饮食。在糯米中加入栗子、大枣和松子,蒸熟后,再加入蜂蜜或糖,拌上香油制成,口感极佳。之所以被称为药食,是因为饭中使用了蜂蜜。朝鲜王朝时期顺祖十九年(1819 年)丁若镛在《雅言觉非》中对这个名称做了解释。书中写道:在朝鲜,因为常将蜂蜜称为药,因此蜂蜜酒叫做药酒,蜂蜜饭称为药饭,蜜果称为药果。

正月十五吃药食的风俗来源于新罗时期的一个故事。新罗第二十一代王毗处王十年某日,国王在天泉亭,乌鸦和老鼠来到他面前,不断啼叫。老鼠竟口吐人言:"跟着乌鸦去!"国王于是命令骑士紧跟着乌鸦追去。往南走到避村,只见两猪相斗。骑士只顾观看这两头猪,乌鸦飞得无影无踪。在他彷徨之际,突然从池塘中涌出一位老翁。老翁把一封信交给了骑士。信封上写道:"开见两人死,不开一人死。"骑士把信带回,交给国王。国王接信后说:"与其打开信封使两人死,不如不开,只死一人。"掌管占卜的大臣向国王禀奏说:"两人是指一般百姓,而一人是指国王。"国王于是打开信封,只见信上赫然写着三个大字"射琴匣"。

国王回到宫中,见到一个玄鹤琴的琴匣,就用弓箭射它。琴破,见匣中有两人通奸,男的是内殿焚修僧,女的是王妃。于是,国王下令将两人处死。

从此以后,韩国就形成了一个习惯:每年正月的第一个亥日、子日和午日,诸事必须谨慎,还有不少禁忌。而正月十五这一天也就被定为"乌忌之日",以药饭来祭乌鸦。

2. 神仙炉

神仙炉是韩国传统宫中饮食的一种,又称悦口子汤,因在"神仙炉"这种容器中煮制食用而得名。神仙炉是青铜制器,样子类似于蒙古涮羊肉锅。中间突起中空,菜放在两边,在中空部分下面生火。做菜的程序是先将煮熟的肉切成细片,并将其和萝卜一起放入锅底,然后加调料及牛肉、鲍鱼、海参,再将香菇、木耳、胡萝卜放于周边调色,最后加入银杏、核桃、松仁调色,并倒入酱汤。神仙炉一定要边煮边吃。这道菜最大的特征是肉、蔬菜、海味齐全,让人回味无穷。

据传神仙炉为朝鲜王朝燕山君时期的隐士郑希良所创。他在隐居期间发明了一种水火兼济的容器,每天只带火炉便可生活。由于他生活潇洒,后人便将这种容器称为"神仙炉"。

3. 婴鸡白熟

"婴鸡",原称"软鸡",指未发育完全的小鸡,也就是中国所说的"童子鸡"。"白熟"原指清水煮的鱼,在这里指清水炖鸡。这道菜的做法很简单:将鸡脱毛后去掉嘴与爪,掏空内脏,在腹中放入一勺糯米后用线缝和,放入锅中煮熟后,加少量盐食用。鸡补身体,经常吃可补充元气,有利健康。身体虚弱时还可在鸡肚中加入人参与大枣,就是"参鸡汤"。

4.狗肉汤

狗肉汤又称补身汤,是韩国人三伏天里最喜欢吃的一种饮食。狗是血气旺盛、精力充沛的动物。人在酷暑之中食欲衰退,吃狗肉可使身体发汗,进而达到调养身体的功效。这种吃法最初始于下层民众,后逐渐风行全国。柳得恭的《京都杂志》、洪锡谟的《东国岁时记》、金万淳的《洌阳岁时记》中都有相关记载。

5.牛肉汤

牛肉汤,又称先浓汤、雪浓汤,是韩国传统特色美食之一,将牛头、内脏、排骨、肺、膝盖骨切碎后放入清水煮8小时左右,再在汤中加少量粉条与葱调味,还可根据个人口味放入适量的盐或辣椒面。牛肉汤具有驱寒保暖的功效,主要在冬季食用。关于它的由来,有两种说法。一种说法认为其起源于朝鲜王朝成宗时期。朝鲜王朝时期规定,农耕季节,王要带领群臣去东大门外的先农坛亲自种植粮食。有一次,成宗在先农坛种植粮食时看出群臣饥饿,便将牛宰杀煮汤供群臣享用。先农坛(선농단)一词后发生音变,就变成今天的雪浓汤(설렁탕)。另一种说法由历史学家崔南善提出,他在《朝鲜常识》中称牛肉汤源于蒙古的一种汤类。

6.冷面

在古代韩国,面条不是一种日常饮食,主要在婚礼及招待宾客时使用。所以在韩国有"什么时候给我吃面条啊"这样的说法,就是问年轻人什么时候结婚的意思。韩国的面条根据制作原料的不同可分为小麦面和荞麦面,根据做工的不同可分为机器造的"细面条"和手工刀切的"刀削面"。此外,韩国的面条还可以根据食用方法的不同分为温面和冷面。

冷面的原料是用机器制造的荞麦细面。在冷却的鸡汤或排骨汤中加入荞麦面、肉类、泡菜、白菜、黄瓜、熟鸡蛋、大酱等,并根据个人口味加入辣椒粉、醋、芥末调味。原为平安道饮食,主要在夏季食用,有消暑的功效。

7. 药果与茶食

药果与茶食是韩国最特殊的食品,因为它并不在日常生活中食用,而只出现在祭礼、婚礼及回甲等大型活动中,属油蜜果类。

药果制作过程如下:先将面粉、香油、蜂蜜、酒混在一起搅拌,放入模具成形,然后炸熟,拌以蜂蜜后风干。根据形状与材料的不同,有大药果、小药果、梅花药果、饺子药果、蝴蝶药果等。

茶食与药果相似,同属油蜜果类。将大豆、黑芝麻、栗子、松花、橡子、绿豆等混合并磨成粉,再加入蜂蜜、麦芽糖水、甘酒,之后放在茶食模具中制成。根据材料不同,茶食可分为豆茶食、芝麻茶食、松花茶食等。根据模具不同,有四角、六角、圆形等形状。茶食表面有花、鱼、鸟等图案,且配色多样。

油蜜果何时产生,已无从查考。根据《高丽史节要》与《高丽史》中关于油蜜果的记载,可以知道高丽时期只有在祭祀或宫廷活动中才可使用油蜜果。朝鲜王朝《大典会通》明确规定除祭祀、献寿、婚礼外不得使用,违者要受到惩罚。

8. 糠饣丁

糠饣丁是韩国的传统糖果。先将糯米浸泡三天,捣碎成粉,与酒搅拌,此时可放入少量蜂蜜增加甜味。将搅拌好的糯米粉蒸熟后切成小块,背阴风干,油煎后在外面撒上豆粉、糯米粉等粉类。根据糠饣丁表面粉类的不同,可分为芝麻糠饣丁、豆糠饣丁、糯米糠饣丁等。

二、岁时节日饮食

韩国同中国一样,岁时及传统节日形式多样,内容丰富。这是朝鲜民族历史文化的长期积淀,更是民族精神的象征。作为其物质载体的岁时节日饮食,向人们展现着韩国精神文化的内涵。

1. 春节

春节是韩国最重要的节日之一。春节这一天的饮食称为"岁馔",酒称为"岁酒"。岁馔中最主要的是年糕汤。年糕要在春节前一天做好,春节时作为祭礼摆上祭台,等祭礼结束后分食。在韩国问小孩年龄时,经常会问"你吃了几碗年糕汤",意思就是"你几岁了"。因为在韩国,春节这一天人人都要吃年糕汤,吃了年糕汤就表示长了一岁。饮"岁酒"可以祛除邪气,健康长寿。贵族阶层的岁酒多为椒柏酒或屠苏酒,由中国传入,普通民众一般饮清酒代替。

2. 正月十五

前面已经谈到,正月十五的主要饮食是"药食"。此外,这一天也有吃五谷饭的习惯,五谷饭用大米、小米、大麦、豆、黍等五种谷物煮成。吃五谷饭一定要与邻居一起分享,如果这一天能吃到三个不同姓氏人家的饭,一年的运气就会很好。有些地方正月十五三顿都吃五谷饭,也有些地方早上用紫菜包白米饭吃,一天吃九次五谷饭。这一天,用菜叶或紫菜包饭吃称作"包福",就是把福气吃下去的意思。储存起来的干黄瓜片、蘑菇和黄豆、南瓜、萝卜等叫做"陈菜",这一天,人们会将陈菜和干茄子皮、萝卜叶子等拌在一起吃,据说吃了这个,夏天就不会中暑。

韩国人有在正月十五早上喝酒的习惯。因为他们相信,这天早上喝酒会让听力变好。所以这天喝的酒被称为"耳明酒"。如果喝的耳明酒是冰的,那么喝酒的人不仅听力会变好,而且一年间听到的也都会是好消息。

3. 中和节

中和节就是阴历二月初一,这一天要将正月十五挂在禾竿上的谷穗摘下做成白糕,叫做"中和节食"。古代这一天也被称作"奴婢日",因为这是一年农耕的开始,主人会送白糕给奴婢,希望他们好好干活。

4. 重三节

重三节是阴历三月初三,这时候,春暖花开,燕子开始建巢。民间在这一天有吃花煎或花面的风俗。将杜鹃花瓣和面粉和在一起,涂上芝麻油煎成的是"花煎",将杜鹃花瓣和绿豆粉和在一起,煮熟后切细再加上蜂蜜和松子做成的是"花面"。

5. 端午节

端午节这天有很多特别的饮食,主要有醍醐汤、车轮糕、樱桃花菜、樱桃饼等。

将乌梅肉、砂仁、草果和白檀香磨成粉,加入蜂蜜煮制,然后加入冰水饮用,这就是醍醐汤。其主材料乌梅肉是将乌梅去皮后用干稻草火薰后晒干而成,对消渴症、腹泻和咳嗽等都有很好的疗效。在端午到夏季这段时间,醍醐汤是消暑解渴的首等佳品。据《东国岁时记》记载,在朝鲜王朝时期,掌管宫中医药的内医院,在端午节这一天会制作醍醐汤献给君王,然后君王再将之与端午扇一起赐予身边的大臣。

车轮糕是将山牛蒡或艾草与粳米一起搅拌,然后用车轮状的糕板做成有漂亮花纹的切糕。

樱桃是五月份的水果,具有清血养胃的作用,而且能够增强食欲。端午节韩国妇女们会用樱桃做樱桃花菜或樱桃饼。花菜是韩国的一种传统饮料。一般,用热水泡的叫做茶,而相反,做成冰的饮料就叫做花菜。花菜的做法是在掺有蜂蜜或白糖的水中放入水果片或花瓣。樱桃花菜就是将樱桃放在蜂蜜水中做成的花菜,味道酸酸甜甜,很有特色。也有人先将樱桃酱掺入糖水或蜂蜜水中,再在水中放上樱桃。樱桃饼的做法是在樱桃果酱中放入白糖或蜂蜜,然后加水小火煮制,煮的过程中不断加入少量的绿豆淀粉,煮成糊状时将其倒入碗中,等其凝结后切成方块状。因为樱桃饼的颜色非常漂亮,所以在宴会上经常使用。

6. 三伏

中国古代有三伏杀狗祭于四门可预防虫灾的说法。韩国民众喜欢在三伏天吃狗肉、参鸡汤、牛肉汤,以此来补充因暑热而消耗的体力。有些地方还会在三伏天吃红豆粥,因为人们认为红豆粥是一种可以抵挡鬼怪的食物,为了增添美味,还会在红豆粥里加入小汤圆一起食用。

7. 中秋节

中秋这天的饮食称为"秋节食"。这一天主要吃各种糕类,其中,松饼是最具代表性的。松饼是用糯米粉做成的半月形的糕,馅儿一般是红豆、绿豆、芝麻和板栗等。传说松饼捏得漂亮的姑娘能找到好婆家,所以这一天姑娘们都会比赛看谁做的松饼更漂亮。此外,中秋节的特别食物还有甑饼、切糕、板栗团子、新稻酒、泡菜和芋头汤等。甑饼是先用水把米泡胀,做出米粉,然后再用米粉蒸成的糕;切糕是将糯米或糯米粉在蒸笼里蒸过后,放在石臼里捣,最后切成适当大小,再蘸上豆沙而做成的糕;板栗团子是一种高级糕,它是先将糯米蒸熟,然后揉搓,切成小块,将板栗煮熟,做成板栗沙,然后将板栗沙蘸到糯米块上做成的糕;新稻酒就是用新鲜的大米、酵母和米粉为原料做成的一种韩国传统酒;匏菜是将瓢葫芦在很嫩的时候摘下来,去掉皮和瓢,将剩余的部分切成块,放在开水中焯,然后,把腌制好的牛肉和焯好的瓢葫芦肉一起炒,最后再放上调味料制成的食物。

8. 重阳节

重阳节是指阴历九月初九,又称重九。这一天也会做花菜,重阳节喝的花菜是将柚子切成小片,与松子一起泡在蜂蜜水中制作而成。此外,各家都会做"菊花煎"来吃。菊花煎的做法与三月初三杜鹃花煎的做法一样。

三、韩国的糕

早在农耕时期,糕已经成为韩国民众的主要饮食。从原始农耕时期到三国时代后期,糕一直是韩国民族的主食,后来逐渐被米饭所取代,而糕成为祭礼、婚礼上的仪式用品。近年来,糕又逐渐进入韩国民众的日常生活,成为不可缺少的生活饮食之一。韩国的糕用各种谷物粉制成,加入水果、蔬菜调味,成色天然,营养价值高,口味纯正。韩国的糕种类丰富,制作方法及原料多种多样,仅朝鲜王朝文献记载就有240多种。

根据制作方法不同,韩国的糕可分为甑饼、切糕、切片饼、花煎、团子等。其中,甑饼、引切饼、切片饼是最主要的糕,流传已久,其他糕类都从它们演变而来。

1. 甑饼

甑是做糕的工具,圆形,底下口大,底上有孔。将大米在水中泡开捣成粉,再加入其它食材后放入甑中,然后将甑放在锅上,借助水蒸汽将糕蒸熟。根据添加材料的不同,甑饼可分为大豆甑饼、小豆甑饼、红枣甑饼、蜂蜜甑饼、南瓜甑饼等。只用大米做成的甑饼叫做"白甑饼",高丽诗人李穑的《牧隐集》中就有一首专门写白甑饼的诗。

2. 切糕

将糯米蒸熟后用糕杵打碎,外边沾上芝麻、赤豆、大豆粉等制成。

3. 切片饼

将米蒸熟后用糕杵制成白糕,揉结实后用模具印上花纹模样,洒上香油。根据加入材料不同,切片饼可分为花切片饼、艾草切片饼、松肌切片饼等。

4. 花煎

前面已经讲过,在糯米粉中加入各种花瓣煎制而成,主要有杜鹃花煎和菊花煎等。

5. 团子

团子是将煮好的米粉打制后加上馅儿,并捏成团子状,抹上蜂蜜并在表层蘸上豆沙、芝麻和松子粉等做成的糕,根据材料不同有大豆粉团子、栗子团子等。

6. 蒸糕

蒸糕是先将生的粳米粉放入热水中搅拌,加入韩国传统米酒,膨胀后加枣、松仁,最后蒸制而成。其与切糕的不同在于,切糕是先蒸熟再打,而蒸糕最后一步是蒸。

四、韩国的酒

1. 韩国酒的起源

朝鲜民族喜爱饮酒,酒在韩国饮食风俗中占有重要的地位。关于韩国酒的起源,由于没有确切的记载,只能通过现存资料进行推断。高句丽"东明王建国谈"中有如下一段记载:天帝子解慕漱为了能娶到河伯的女儿,在河伯来的路上放上酒,河伯喝了之后无法回去,他便趁机将河伯的女儿抢走。从这里可以推断韩国饮酒的风俗由来已久。

而中国史书《三国志·东夷传》扶余条中记载,扶余民众每年10月份举行祭祀活动,全体国民聚在一起饮酒唱歌,称为"迎鼓"。书中濊条记载,濊民众10月聚在一起举行祭祀活动,饮酒唱歌,称为"舞天"。《三国志·马韩传》中记载,5月马韩民众举行完祭礼活动之后,一起饮酒,载歌载舞。从这些中国古代史书的记载中可知,朝鲜民族早在上古时期就开始饮酒。当时的部落社会每年都会举行一次大的活动,以此来巩固部落意识,祈求上天保佑,在这次活动上大家会一起饮酒唱歌。

2.韩国酒的种类

韩国的固有酒类大体可以分为三种:浊酒、清酒、烧酒。

浊酒,又称米酒,是韩国酒类中最先出现的,具有悠久的历史。将粳米、糯米、大麦、小麦、土豆蒸熟,稍作干燥后放入水中,加入发酵剂——曲,在一定温度下发酵一段时间即成。浊酒像淘米水,颜色乳白且浑浊,味道发涩,度数低。

关于清酒的制造方法,秘方与材料颇多。基本酿制方法是将大米蒸熟,放入酵母,置于温暖处发酵,之后取出酒糟中的剩余物,过滤后即成。直到朝鲜王朝末期,饮用清酒仍是上层社会的特权。

烧酒是韩国民众最经常饮用的酒类之一,属于蒸馏酒,高丽时期由元传入。明朝李时珍在其《本草纲目》中提到,"烧酒非古法也,自元时始创其法。"十七世纪日本《本朝食鉴》指出:"烧酒并不依古法,元蒙古人所创。"在朝鲜半岛,烧酒传入初期仅在贵族阶层饮用,是一种高级酒。高丽时代与朝鲜王朝时期的酿酒工艺与材料并无太大变化,都是将谷类蒸熟,在25℃下发酵3至4天,然后加热蒸馏而成。酒如清水,无掺杂物。同时,韩国还有将药材、果实放入烧酒之中浸泡的风俗。根据浸泡物不同其名称也各不相同,如枸杞酒、梅宾酒、人参酒等。

韩国还有在重要节气酿酒的习俗,因此很多酒因酿造时间得名,如春节酿造的屠苏酒、三伏酿造的过夏酒、清明酿造的清明酒、流头节酿造的流头酒等。

五、饮食礼仪

韩国是一个非常重视礼仪的国家,自古被称为东方礼仪之邦,在饮食方面也保留着很多传统礼仪。

韩国人的传统餐桌是矮脚的小桌,宾主席地而座,盘腿就餐。年轻人更会在长辈面前跪坐在自己的脚底上,绝不能将双腿伸直,否则会被认为是不懂礼貌。

韩国摆餐桌时会将所有饮食同时摆出。传统菜数为贫民三种,王族十二种。

　　韩国人使用筷子和勺子吃饭。筷子多为金属筷，一般是不锈钢制的平尖儿的筷子，也有黄铜制成的，主要用来夹菜。而勺子在韩国人饮食生活中比筷子更重要，它负责盛汤、捞汤里的菜、盛饭，不用时要架在饭碗或其他食器上。传统的韩国式摆放习惯是将筷子放在右侧，两根筷子要拢齐，三分之二在桌子上，三分之一在桌外。

　　韩国人特别重视长幼尊卑，上菜或盛饭时，亦要先递给长辈，甚至要特设单人桌，由女儿或媳妇恭敬地端到他们面前，等待老人家举筷后，家中其他成员方可就餐。用餐结束后，长辈先起身离开后，小辈才可以起身。

　　韩国人在用餐时有很多讲究，如吃饭时不能大声说话、咀嚼声音要小、且尽量不谈商业话题。用餐时不要漏出嘴里的食物，要慢慢吃。给长辈倒酒时得用双手，喝时得侧身手掩以示敬意。

　　中国人、日本人都有端起饭碗吃饭的习惯，而在韩国，端着碗吃饭则是非常不规矩的行为，甚至也不能用嘴接触饭碗。因为手不用端碗，所以吃饭期间左手就要老实地放在桌子下面。右手一定要先拿起勺子，从水泡菜中盛上一口汤喝完，再用勺子吃一口米饭，然后再喝一口汤、再吃一口饭后，便可以随意地吃任何东西了。

　　在饮酒时，韩国人很讲究礼仪。在酒席上按身份、地位和辈份高低依次斟酒，位高者先举杯，其他人依次跟随。级别与辈份悬殊太大者不能同桌共饮。在特殊情况下，晚辈和下级可背脸而饮。传统观念是"右尊左卑"，因而用左手执杯或取酒被认为是不礼貌的。

　　经允许，下级、晚辈可向上级、长辈敬酒。敬酒人右手提酒瓶，左手托瓶底，上前鞠躬、致词，为上级、长辈斟酒，一连三杯，敬酒人自己不饮。要注意的是，身份高低不同者一起饮酒碰杯时，身份低者要将杯举得低，用杯沿碰对方的杯身，不能平碰，更不能将杯举得比对方高，否则是失礼。

第三节　住居民俗

　　韩国的住宅具有独特的传统特色,其发展到现在,经历了漫长的历史过程。早在一百多万年前,朝鲜半岛上就已经有人居住了。考古学家研究发现,在新石器时代,人们以小聚落居住,使用的是竖穴式住宅。当农耕生活成形,社会进入铁器时代之后,半岛上形成了更大的聚落,住宅空间从洞穴转移到地面。在三国时期,韩国便出现了温突(类似于中国东北地区的火炕),且这种居住形式在高丽时期得到了进一步的普及。朝鲜王朝时期儒教成为治国思想,建筑方面也受到儒家思想的影响。根据身份等级严格限制住房的规模,住宅的封闭性大为提升。到了近代,特别是韩国沦为日本殖民地之后,日本建筑和西洋建筑大量涌入韩国。韩国的住宅逐渐成为现代的公寓式住宅,但在部分农村和安东河回村还较好地保存着韩国的传统村落住宅。

　　萨满教信仰在韩国住居文化中占有重要的地位,受其影响韩国人认为有守护住宅的家宅神。因此在房屋建筑动土之前要进行安宅告祀,在建造过程中也有很多建筑祭祀活动。此外,韩国自古便以风水指导住居的选址与建造,这些也是韩国住居风俗重要的组成部分。

一、韩国住居的变迁

1.先史时代的住居

　　韩国先史时代采用竖穴式住居,先在地上挖洞,然后用草类搭起顶棚而成。顶棚一般为圆形,半地下。这一时期的人们主要以打鱼狩猎为生,处于狩猎采集的发展阶段。住居中间为生火之地,主要为女性做饭及居住场所,门口附近为男性居住场所,角落处用于放置东西。《三国志·魏志》马韩条中提到的半地下竖穴式、牟辰条中的累木式及天幕式、蒙古包等穹隆式都属于北方大陆住居系统。《三国志·魏志》濊条记中写到:(濊居民)对于疾病和死亡极度恐慌,如果房中死人则立即建新房。由此可见未开化民族对死亡的恐惧,直到现在很多韩国人仍然忌讳房中死人。此外,《晋书·肃慎氏条》中有"夏则巢居,冬则穴居"的记载,由此可知先史时代的韩国有冬天居住竖穴式房屋、夏天居住地基高的高床式房屋的习俗。

2. 三国时代的住居

据《三国志·魏志》高句丽条载,高句丽喜建住宅,左右建大建筑用于祭祀鬼神和社稷,每家都有小仓库——桴京,无大型仓库。根据当时的婚姻风俗,女方一家要在屋后建小屋供女婿居住,称为"婿屋"。当然书中所记仅为贵族阶层住居,三国初期的下层民众仍以竖穴式或简单的上住居为主。

《旧唐书》《唐书》中关于高句丽住居有这样的记载:"依山势而建,有用草做顶棚的草屋,宫殿、官府以瓦做顶棚的瓦房。"文中还说到贫苦百姓冬天睡温暖的长炕。这与传统的温突极为相似。由此可以推断,韩国在七世纪初就已经开始使用温突。十三至十四世纪,温突在朝鲜半岛大范围使用。

这里所说的温突类似于我国东北地区使用的火炕。只是中国东北的火炕使用范围较小,仅占房屋面积的一小部分,而高句丽人则将室内全部做成温突取暖。

从《旧唐书》来看,佛教传入韩国以后,韩国宫殿、官府、庙宇等建筑都为瓦房,由柱子、斗拱构筑而成,与现在保留下来的宫殿没有大的区别。贵族阶层的住宅也与之相似,这一阶段一般民众的住宅发展为使用温突的地上建筑,与现在的草房无大区别。竖穴式住居已经基本消失。

高句丽与新罗根据等级来划分住宅样式与面积。《三国史记》记载称当时新罗对于各阶层住房规模与等级有严格的限定。从这些记载中可以看出,随着佛教的传入,建筑样式与水平得到显著提升。关于百济的住宅没有确切的资料,但《唐书》百济条中记载称:"俗与高句丽同。"由此可以推知,佛教传入以后,百济的住宅与高句丽没有很大差别。

此外,《三国史记》和《三国遗事》中也有关于住宅的记载。宁康王条中写到:百姓家为瓦房,不用草房;用木炭,不用柴草。这是在歌颂当时人们生活富裕,但可以确定,这只是贵族住宅的写照,大多数民众仍以草房为主。

3. 高丽时代的住居

高丽时代的住宅保存下来的极少,我们只能通过现存资料来把握。1123年宋朝赴韩使臣徐兢的《高丽图经》中有关于高丽住居的记载。该书第三卷民居条中写道:尽管王城很大,但由于山地多平地少,居民住宅有高有低,像蜂蚁窝;为遮风避雨,茅草屋的屋顶建得很结实,粗细约为两根椽木;富人家住瓦房,但不及十分之一二。关于室内用具,第二十八卷写道:寝台前有小椅子,竖起挡板用丝绸包裹;家居丝毫感受不到夷风。这当然是专为迎接宋朝使臣建造的房屋,实际上,一般民众仍多用土床或火炕。

温突在这一时期已经进入人们的生活,《牧隐集》《补闲集》《东国李相国集》等文献中都出现了"暖突""火突"一类的词语。

4. 朝鲜王朝时期的住居

朝鲜王朝时期儒教成为治国思想,建筑方面也受到儒家思想的影响。这一时期的家舍规定比新罗时期更加严格细致,根据身份等级严格限制住房的规模,连内部空间都有明确的规定。由于实行大家族制度,形成了很多同姓的村落。这一时期住宅最显著的变化是封闭性大为提升。贵族阶层为维持威严、防止日常生活外泄,在住宅方面作了许多改动。当时贵族阶层的住宅由内房、舍廊坊、祠堂和行廊坊组成。

内房位于住宅西面,与大门相隔最远。此处为女主人的生活居所。除主人及直系亲属外,外人不得随便出入,无故闯入会受到惩罚。女主人也不得随便外出。

舍廊房位于住宅东面,与内房相隔,为主人的居室与会客室。这里是整个住宅中最为开放的地方,也是和外部最近的地方。屋里摆设华丽,有书柜和文房四宝等。

祠堂位于舍廊房之后,住宅东北面。受儒家思想影响,贵族阶层极为重视孝道,祠堂完全与外部隔开,以表达对祖先的崇敬。

行廊房位于住宅的最外边,大门的两旁,与大门相连,为下人居住活动的场所。靠近大门的是男下人房间,里面是女下人的房间。

一般民众虽也受儒家思想影响,但由于条件限制,更注重住宅的实用性。他们的住宅根据区域不同有集中型、分散型、折衷型。

集中型主要分布在北方地区,为防止严寒,主要呈"田"字型构造;

分散型主要分布在南方地区,房屋一字排开,利于通风;折衷型分布于中部地区,介于两者之间,兼顾两者优点。

5.近现代的住居

甲午中日战争之后,日本人开始进入朝鲜半岛居住。1910年,韩国沦为日本的殖民地,其后,日本建筑和西洋建筑大量涌入韩国。朝鲜总督府为解决住宅问题设立了朝鲜住宅营团,规定了五种住宅的标准样式。日本想通过此项措施抹杀韩国传统住宅文化,是一种变相的殖民主义政策。韩国光复以后,政府设立了专门管理住宅的大韩住宅公社,开始兴建居民楼。现在即便在农村也很难见到韩国传统房屋,为了保护韩国传统住房的传承,韩国政府将一些地方指定为文化遗产进行保护,如有600多年历史的安东河回村便较好地保存着韩国的传统村落住宅。

二、住居民俗信仰

在韩国,土著信仰——萨满教十分盛行,在韩国文化中占有特殊的地位。受萨满教的影响,韩国人认为家中有守护住宅的家宅神。因此,自家房屋动工之前要进行安宅告祀,建造过程中也有很多建筑祭祀活动。他们认为,在每个房间都有相应的家宅神。

1.住宅最高神——城主神

城主神又称"上梁神""上梁大监"或"成造"。朝鲜民族认为,无论草房还是瓦房,只要是人居住的空间,就存在着城主。城主守护住宅,给家人带来福佑,他是家中的最高神,管理其他家神。建造住宅时一定要请巫师作法欢迎城主的到来。据《东国岁时记》载,每年十月举行家宅神祠,请巫师作法恭迎城主神,并摆上糕和水果祈祷家中平安。

城主神的神体有多种表现形式,如在白纸上用绳穿起来的钱、摺成多层的韩纸、装米的坛子等等。作为最高的住宅神,城主神的神体要放在家中最主要的住宅——大厅或内房之中。

2.内房——三神

三神负责守护幼儿,又称"三神奶奶""产神",是古代管理生育的神灵。古代医学不发达,幼儿死亡率高,于是人们将儿女健康成长的希望寄托在三神身上。三神会在孩子出生的第三日和第七日来住宅,为表示对三神的感谢,一定要举行三神祭礼,摆上饭、海带汤、井华水(黎明打来的井水,主要用于祈祷等)、糕片等孝敬三神。小孩百日和周岁时也要祭拜三神。

三神的神体一般放于内房搁板上或儿媳居住的房屋,主要是瓢形或缸形。在瓢或小缸中放入新谷或米,用韩纸封存。

3. 厨房——灶王神

灶王神主管厨房,又称"灶神""灶头神",起源于原始人类对火的崇拜。厨房是生火做饭之地,做饭要用水,所以灶王神除有崇拜火的意味外,也有崇拜水的含义。灶王神的作用是提供火源和炊事工具,保证家人的饭菜供应。因为做饭需要用粮食,代表一个家庭的经济状况,所以灶王神也兼具财神的作用。延续至今的向新搬家的人赠送火柴的习俗也起源于对灶王神的崇拜。

灶王神的神体通过水表现出来,所以要在灶头后墙搁板上放一小碗水。水必须是凌晨最清澈的水,由家中的妇女每天换水,祈祷家人健康平安。人民相信凌晨最早换水的一家对灶王神最为恭敬,自然就会得到灶王神最多的保护。

朝鲜民族认为灶王神每年阴历腊月二十三会上天向玉皇大帝报告每家之事,春节才回到人间。所以做了坏事的人会在灶王神上天的前一天晚上在灶里放麦芽糖,希望粘上灶王神的嘴,使其无法说话。

4. 便所——厕神

厕神,又称"便所新娘""厕神新娘",因性格不好而被视为恶神。厕神按照城主神的指示执行惩罚。入厕如打扰到厕神便会疾病缠身,所以有入厕之前干咳一声的风俗。

5. 庭院——地神

地神,又称"基主""地主"。韩国人对土地的崇拜由来已久,原始神话中就有许多与之相关的故事。到了传统农耕社会,土地的地位更加突出。土地有专门的土地神,这里的地神指管理住宅地基的神,可以为家庭祛除厄运,带来财富。地神的神体放于后院酱缸旁边:将米放入坛罐中,盖上盖子,然后用稻草在上面围成圆锥形,每年用新米更换。米象征着地神给这家人带来的福气,如果分给别家,自家的福就少了,因此每次换下的米不能分给别家,必须同自己亲属一起食用。每年十月家宅神祠中,地神紧随城主神,排在第二位。

6.大门——守护神

朝鲜民族认为厄运像人一样可以通过门进入住宅,称大门处阻挡恶鬼进入的神为"守门神""守门将""守门将军神"。

守门神神体样式多样,有的在大门顶处挂大麻布;有的在大门上贴长相狰狞的武将画像;有的在大门上贴"龙""虎"二字。这时一般用红色,因为人们认为红色可以驱赶恶鬼。

三、住居风水民俗

韩国住居的一个显著特征是以风水风俗指导住居的选址与建造。韩国的住居风水起源于中国,其传入韩国的时间已无法考证。风水思想源于地母说,即认为土地是万物之母的思想。土地孕育新的生命力,好风水对个人乃至家族的发展具有极其重要的作用。

韩国的住居风水最早见于《三国遗事》。新罗第四代王昔脱解在成为王之前曾去吐含山寻找住所,途中遇到一个叫瓠公的人将房子建在新月形土地上。昔脱解觉得新月的象征含义很好,如果生活在新月形土地上,力量一定会像新月一样慢慢增强。抱着这种想法,他偷偷潜入宅子,将木炭埋在后院中,坚持说自己世代铁匠,这房子是其祖宅,从而霸占了房子。由此可见,早在三国初期韩国就有了风水风俗。

风水风俗在新罗末期通过道诜得到广泛流传。道诜曾在中国学习风水思想,著有《道诜秘记》一书,极大地推动了韩国风水思想的传播。据传,道诜给高丽太祖王建的父亲选了一块好地,此后王建便建立了高丽,所以高丽太祖王建极其推崇风水思想,在民间也大力宣扬。

到了朝鲜王朝时期,风水思想体系得以建立,上起达官贵人,下至贫民百姓,建造住宅之前一定会请风水先生选择地皮和房屋样式。人们争相购买风水宝地,甚至不惜动用武力,带来了不少弊端。朝鲜王朝末期,实学者将一般人难以理解的风水理论与民间广泛流传的民间信仰结合起来,介绍了许多建造房屋的方法,其中代表性著作有洪万善的《山林经济》、徐有榘的《林园经济志》、李重焕的《择里志》等。

　　风水思想注重阴阳五行,认为地下有一股所谓的"生气",但并非所有土地都有这种气,它只局限于一定区域内。如果人吸入这股气,便可以享受荣华富贵,一生平安。国家定于此地会持久繁荣,住宅定于此地会家族兴旺,坟墓定于此地后世将大有作为。《择里志》认为风水宝地必须具备四个条件,即地利、生力、人心、山水。地利指土地肥沃、植物生长旺盛;生力指经济基础雄厚;人心指社会条件和邻里关系;山水指附近的自然风光。

　　直到现在,风水风俗在韩国仍然十分流行。从科学角度来看,风水风俗难免有迷信之嫌,但它已经成为韩国文化的重要组成部分。

第四章　岁时节日风俗

　　"岁时"一词由表示年的"岁"和表示四季的"时"组成,是一年中例行节日的统称。那么,岁时风俗就是指每年随着季节变换而举行的例行风俗、仪式,是一种按周期进行的礼仪活动。自古以来,中国和韩国都把岁时风俗叫做"岁时""岁事"或者"时令""月令",以强调其时期性和季节性。

　　韩国将"节日"称为"名节","名节"是"名(名字)"和"节(段落)"的组合词,意为随季节命名的时间段落。岁时风俗在岁时节日或特定时期举行,所以"岁时"也包含着节日的意思。

　　但是,在韩国人的生活里起着重要作用的"节日"是多种多样的。韩国是宗教信仰自由的国家,它犹如宗教文化的万花筒,生动地展示了儒教、佛教、基督教、天主教、萨满教、天道教等多种宗教文化。随着宗教人口规模的逐步扩大,宗教日益成为韩国人生活中的重要组成部分,主要宗教的很多仪式已经被日常生活化,成为韩国人节日文化中不可或缺的重要组成部分。因此,本章将宗教节日单列出来,进行介绍。

第一节　岁时风俗

　　岁时风俗的起源和发展是一个逐渐形成,潜移默化地完善,最终慢慢渗入到社会生活的过程。有一些慢慢固化成为固定节日并在历史中不断传承下来,成为国家、地区或民族的传统节日。

　　古代的节日大多和农业生产生活、天文、历法、数学以及后来划分出的节气密切相关。由于韩国长期以农业为主要产业,所以大部分岁时风俗都与农耕文化有着不可分割的紧密关系,含有祈求或庆祝丰收等农耕仪式的性质。

此外,还有很多岁时风俗由民俗游戏或祭祀活动发展而来,和原始崇拜与迷信禁忌相关。朝鲜民族从史前时代便通过祭天仪式形成了独特的游戏文化,而且在漫长的历史岁月中产生了丰富的民俗游戏。随着科学技术及生产生活方式的进步,古代人不能理解和解释的自然现象等得到科学的解释,生活节奏也不再循依季节的限制,这时,民俗游戏和祭祀活动便从原始祭拜、禁忌神秘的气氛中解放出来,转为娱乐型礼仪,成为真正的佳节良辰。这样,节日变得欢快喜庆、丰富多彩,许多体育、娱乐的活动内容出现,并很快成为一种时尚流行开来,这些风俗一直延续发展,经久不衰。

根据岁时节日的起源,韩国的岁时风俗大体可以分为传统节日、农事风俗和民间信仰风俗三类。

一、传统节日

受中华文化的影响,中国的许多传统节日,如春节、元宵节、端午节、中秋节等都随着汉文化的传播很早就传到了朝鲜半岛。此外,在长期的社会发展过程中,韩国也形成了很多具有自己民族特色的传统节日。因此,像中国一样,韩国各种各样的传统节庆活动也是令人目不暇接。这些传统节日主要有春节、正月十五、寒食节、重三节、端午节、流头节、七夕节、百种节、中秋节等。

在这些传统节日里,都会有一些特别的饮食,也会有许多特别的民俗活动。由于在前一章已经系统介绍过韩国的节日饮食,这里便不再赘述,只是介绍这些节日里的传统民俗活动。

1. 春节

春节是韩国最大的传统节日,从新罗时代就开始庆祝了。这是新年的第一天,称为"岁首"或"元日",象征新的开始。这一天所进行的活动名字里都会加上一个"岁"字:准备的食物叫"岁餐",喝的酒叫"岁酒",穿的衣服叫"岁装",给长辈拜年叫"岁拜"。

春节这天,人们早早起床洗漱,换上新衣(岁装),向长辈拜年并祭祀祖先。这一天的第一个仪式是"正朝茶礼",也就是祭拜祖先。这时,一家人聚集在长子家,在祠堂摆上父母、祖父母、曾祖父母、高祖父母四代的牌位,由长子代表整个家族进行祭拜。除祭祀祖先外,还要给长辈拜年,长辈在接受子孙的拜年后会分发压岁钱。这一天,大家见面后都会互送祝福的话,给长辈、朋友拜年时用的吉祥话和长辈对晚辈说的祝福话,都叫"德谈"。另外,这一天人人都吃年糕汤,吃了年糕汤就表示长了一岁。"岁酒"是从中国传入的,据说是华佗造的屠苏酒,喝了可以避邪并长寿。

古代的韩国人有在春节互送岁画的习惯,岁画意在表示吉祥,没有固定的样式和图案。比较有代表性的岁画有朝鲜王朝时期的十长生(日、月、山、川、竹、松、龟、鹤、鹿、灵芝)岁画,也有由高句丽时期的四神(青龙、白虎、朱雀、玄武)演变而来的龙虎图,附以"虎逐三炎,龙护五福"的字样。现在,送岁画的习惯已经很少见,改为亲朋好友之间互送礼物。此外,韩国人还有在春节前一天(除夕)晚上买福笊篱的习俗。笊篱是用细竹丝编成的筛米工具,而在腊月三十半夜到正月初一早晨之间买来用于祈福的笊篱就叫做福笊篱。人们相信这时候买的笊篱可以留住福气并且带来一年的丰收。

韩国还流传着很多与春节相关的故事,比如根据民间传说,大年初一晚上,天上的夜光鬼会到人间来玩。夜光鬼喜欢到处试穿鞋子,碰到合脚的鞋子就穿走,而鞋子被夜光鬼穿走的这个人会倒霉一年。所以,大年初一晚上,人们都会把鞋子藏好,以防止被夜光鬼偷走。为防止夜光鬼捣乱,这天晚上大家还会锁上大门,在院子里放上竹篓,据说这样,好奇的夜光鬼就会整夜忙着数竹篓上的洞,而没有时间去偷鞋。

2. 正月十五

正月十五是正月里的大节日,这一天要在家祭祀祖先,但这一天的祭祀比较简单,只在祭桌上摆五谷饭、陈菜及黄花鱼等,不行礼。

正月十五有许多有趣的风俗,比如"偷福土""咬破坚果""卖热""嫁树"等。

偷福土就是穷人在正月十五的前一天去富人家的厨房或田地偷土,涂在自家的炉灶上。这是因为好土地是丰收的基础,穷人们相信富人家之所以有钱都是因为他们家的土有土地神照顾,偷富人家的土,土地神也会跟着过来。当然,富人们也会在这天晚上努力守护福土。

"咬破坚果"是指人们在正月十五早上起床后要咬破板栗、核桃、银杏果、松子、花生等坚果。咬的时候要边咬边祈愿说:"希望今年平安无事,不要长疮。"咬破第一颗后吃掉果仁,把壳丢到院子里。

另外,正月十五太阳升起之前,人们就跑去邻居家叫朋友的名字。听到朋友问:"干什么?"便答:"买我的热吧!"这样就算把自己的热卖掉了。卖掉了自己的热,今年夏天就不会中暑。回答的这个人因为买了别人的热,再加上自己的热,就负担了两个人的热。所以,这天早上听到别人喊自己名字时,应该回答说:"你先买走我的热吧!"这样就不仅没有买别人的热,反而先把自己的热卖掉了。

嫁树就是在树杈处放上石头,并在上面盖上彩色的布。这样就把这棵树上的树神嫁到了另一棵树上,人们相信,这天嫁出的树不仅收成好,结出的果实味道也会更好。

此外,这一天人们还会想着给家畜预防中暑。方法是在太阳升起之前折下伸向东方的桃树枝缠在动物的脖子上,或者用草轻轻打牛,边打边说:"今年不要中暑啊!"据说这样就可以预防中暑。

正月十五这一天,人们还会聚在一起玩很多有意思的民俗游戏,主要有迎月、踏铜桥、拔河和舞狮等。

迎月

正月十五晚上月亮升起时,人们会纷纷到山上迎月。虽然这时天气还比较冷,人们还是会尽量往高处爬。月亮升起后,人们把火炬插在地上,开始双手合十祈愿。同时,还会根据月亮占卜今年的农事情况:如果月光泛红,意味着干旱,月光泛白意味着会有洪水;月亮偏向北方,靠山的地方就会丰收,月亮偏向南方,靠海的地方就会丰收;月亮周边比中心显得厚重会丰收,周边比中心显得单薄会歉收,如果月亮的周边和中心差不多,就会是一般的收成。迎月时还会进行"烧月屋"的民俗活动。因在第二章中已有介绍,此处不再赘述。

踏铜桥

踏铜桥是正月十五妇女们玩的一种游戏,又称作"铜桥游戏""踏瓦"或"花蟹战"等。游戏时,众多妇女组成一个队伍,用身体搭一座桥。站在最前面的叫做"创笠",必须是五六十岁且儿孙满堂的妇女;接在她后面的叫"长女",年龄必须在十九岁到三十岁之间;后面跟着数十名妇女。她们都弯下身,双手抱住前面一个人的腰,一个接一个地搭成一座人桥。在搭桥之前,大家会选出一个漂亮的少女扮成"公主",再找两个人扮成侍女。侍女扶着公主从后面登上人桥,从后到前依次踏过,公主踏桥时创笠和长女唱着"铜桥歌",其他人也都跟着唱。在有些地方,人们会组成两队,两方的公主踏过桥相逢时,会进行战斗,先将对方扳倒的就算胜利。

关于这个游戏的由来,有一个历史故事。相传高丽恭愍王十年(1361年),元朝红巾军攻打高丽。在开城即将沦陷之际,恭愍王带着王妃(元朝魏王之女——鲁国大长公主)一起逃到福州(今安东),途中遇到一条没有桥的河,恭愍王不忍心看王妃在寒冷的冬天淌河水,就召集安东的妇女排成一座人桥,让王和王妃踩着她们的背过河,以示忠心。这就是现在踏铜桥游戏的由来。

拔河

拔河是韩国南部地方较为盛行的一项传统民俗游戏,一般在正月十五进行,有些地方也在端午或者阴历七月十五进行。比赛时,一般是一个村庄分成东西两队,先从村庄的每户人家收集稻草,将数十根稻草搓成一根草绳,然后将很多根这样的草绳拧成更粗的一条绳,并在这条粗粗的绳子上制作很多把手。双方都会在绳子的前端接上一段柳条,然后在中间将东西两队的柳条交叉,中间插上圆木将两队的绳子连接在一起。另外,绳子还有雌雄之分,西部队伍的绳子叫做"雌绳",东部队伍的绳子叫做"雄绳"。游戏时男女老少都来参加,场面十分壮观。人们认为赢的一方会取得大丰收,也有些地方认为,只有雌绳赢才意味着丰收。

舞狮

舞狮是韩国北部农村盛行的一种民俗游戏。人们戴上狮子、牛、马等大型面具,跟着农乐队到各家各户表演,相信这样可以赶走村子及家中的恶鬼和霉运。有钱人家会以酒和食物招待,有时也会赏一些钱和谷物。收集起来的钱会作为村子的共同财产使用。

掷硬币

正月十五时,十几岁的孩子们会聚在一起玩掷硬币游戏。他们在地上画出一个半月形状,然后在这个半月中挖一个可以扔进硬币的洞。大家站在离洞五六米处,依次向洞口扔硬币,将硬币扔进洞的排第一名,其余的按距洞口距离的远近决定名次。第一名把所有人的钱都拿在手里,一下扔出,进到洞里的硬币都归第一名所有。还要在剩下的硬币中选定一个,让其余的孩子拿石头投,投中就可以把硬币拿走。

火把游戏

正月十五晚上,村子里的青年会按照家里人口的数量来做火把。到了傍晚,各个村落的人聚集起来,随着农乐队,登上村子附近的小山,相互对阵。当月亮升起时,双方都奏起农乐,在头上系上毛巾,举着火把向对方进攻。投降人数多的一方失败,输的一方今年会歉收,赢的一方将大获丰收。

跳跳板

跳跳板是正月初、端午节和中秋节时韩国妇女们玩的游戏,又称"跳板戏"。用长且厚实的木板做成跷跷板,一端站一个人轮流向上跳,越跳越高,最高可以跳至两米多高。关于跳跳板的由来,并没有确切的史料记载,只是推测大约兴起于高丽时期。在封建社会,由于女子不能自由活动,所以利用正月聚在一起,借这个机会一窥高墙外的世界。曾有传说记载,一个罪人的夫人由于思念狱中的丈夫,跟另外一个罪人的夫人一起通过跳跳板来看自己的丈夫。

放风筝

正月初一到十五期间孩子和大人都喜欢放风筝,正月上旬放风筝也带有民间信仰的色彩:人们相信,在日落时放风筝,厄运会随风筝一起飘走。所以人们常在风筝上写上自己的名字,并写上"送厄"或"送厄迎福"的字样,在风大时把风筝线剪断,让它带着厄运飘走,从而迎接福气的到来。一起放风筝的人还在线上涂上石粉、铜粉或磁粉,比赛谁先将对方的风筝割断。

韩国的风筝以四边形居多,各个地方的风筝都有自己的特色,也可以根据自己的爱好制作各种形状的风筝。

放风筝兴盛于朝鲜王朝的英祖时期,而这一风俗的开始还要早得多。《三国史记》的列传中记载了这样一个故事:新罗善德女王末年,毗昙和廉宗叛乱,金庾信是讨伐叛乱的将领。一天,一个大星星从天上滑落到月城边,百姓看到这个景象,认为这是女王将要失败的征兆,民心大乱。于是,金庾信做了一个大风筝,在晚上偷偷地将这颗滑落的星星重新送到天上,并四处宣传说星星已经重新归天,女王一定会取得胜利。于是,女王重获民心,士气大增,最终大获全胜。由此可知,早在新罗时期韩国就已有了风筝。

3. 寒食节

冬至后的第 105 天是寒食节,一般跟清明同时或为清明节的后一天,所以韩语里有"清明死或寒食死"的说法,用来指两个事物差不多。在韩国,寒食节与春节、端午、中秋并称四大节日。

实际上,寒食节来源于中国古代的一个典故。据历史记载,在两千多年以前的春秋时代,晋国公子重耳逃亡在外,生活艰苦,跟随他的介子推不惜从自己腿上割下一块肉让他充饥。后来,重耳回到晋国,做了国君(晋文公),大肆封赏所有跟随他流亡的随从,惟独介子推拒绝接受,带母亲隐居绵山,不肯出来,晋文公无计可施,只好放火烧山。他想,介子推孝顺母亲,一定会带着老母出来。谁知这场大火却把介子推母子烧死了。为纪念介子推,晋文公下令每年的这一天禁止生火,家家户户只能吃生冷的食物。

寒食节这天,国家会到宗庙及各个陵园举行国家性祭祀,民间则准备各种酒果祭祖并扫墓。如果坟墓出现开口或破损,会重新种上草,这叫做"改莎草",此外还在坟墓的周边种树。但是,如果寒食节是在阴历三月,就不会改莎草。在这天扫墓的习惯始于中国唐朝,在韩国是新罗时期。高丽时,寒食节倍受重视,君王允许官员回乡扫墓,并在这一天禁止对罪人行刑。到了朝鲜王朝时期,国家更加重视民俗节日,在寒食这天还会设宴,但到了近世,除扫墓的习俗还保留之外,其他习俗基本都被废除了。

4. 重三节

阴历三月初三又称为"三巳日""元巳""上除"或"重三"。这时春暖花开,燕子开始建巢。民间在这天将杜鹃花瓣和面粉和在一起,涂上芝麻油煎成"花煎",或者将杜鹃花瓣和绿豆粉和在一起,煮熟后切细再加上蜂蜜和松子,做成"花面"。妇女们还会带上做好的花煎去郊外赏花玩耍,叫做"花类游戏""花煎游戏""花游"或"踏青"。

江陵地区还有一项与此相关的特别的风俗活动。根据《东国余地胜览》的记载,从五百多年前起,每年春天,江陵地区的人们都会在天气好的日子里带70岁以上的老人去名胜地赏春设宴,叫做"青春敬老会"。

三月初三这天人们还用蝴蝶占卜运势:如果这一天先看见黄蝴蝶或虎斑蝴蝶,意味着愿望会实现;如果先看到的是白蝴蝶,预示着今年会有父母之丧。

另外,妇女们还会在这天洗头,相信这天洗头后头发会像流水一样轻盈柔顺。

5.端午节

阴历五月初五是端午节。韩国自古认为三月初三、五月初五、七月初七这样月、日是同一个奇数的日子阳气旺盛,是好日子,且都当做节日庆祝。其中端午节的阳气最盛,被视为重要的节日。

端午节又称"天中节""重午节""端阳""五月节""戌衣日"或"水濑日"。这里的"戌衣"和"水濑"都是牛车的意思。之所以叫"戌衣日""水濑日",是因为牛车在古代农耕社会是非常重要的农用工具,而韩语中戌衣(술의)和水濑(수리)两个词的发音都和牛车(수레)相似。端午节这天,人们吃的车轮糕是牛车车轮形状,故而端午节有这样的别称。还有一种说法:端午节之所以得名戌衣节是因为"戌衣"在韩语中有"高""上"和"神"等意思,而五月初五本身就有"神的日子""最高的神"这样的意思。

此外,在各个地区端午节都有自己独特的名字:在庆尚北道,端午节又称"儿媳节",因为这天儿媳妇可以回娘家,也可以荡秋千;在江陵,端午节又称"寡妇出嫁日";在京畿道东豆川,端午节又名"水芹菜还甲日";在江原道三陟,端午节又称"安牛鼻环日"等。

韩国在端午节这天有众多的习俗,其中最大的便是端午祭。

端午祭,又称"端午跳大神",是在端午节举行的乡土神祭。代表性的端午祭是江陵端午祭。江陵端午祭在1967年被指定为韩国第十三号重要无形文化财产,并于2005年被联合国教科文组织评为世界非物质文化遗产。

根据古书记载,自古韩国各地都有端午祭的习俗,但是祭祀的神灵却不尽相同。流传至今的端午祭主要有祭祀大关岭山神、大关岭国师城隍和大关岭女城隍的江陵端午祭与祭祀门户长的庆尚南道昌宁郡灵山地区的门户长祭。

江陵端午祭现在已成为江陵市的大型民俗活动,一般会持续多天,数百余人参与祭祀,观众更是多达数万名。端午祭上不仅会有城隍祭和别神祭、假面舞、摔跤等多样的民俗活动,还会举行江边的大型庙会。

江陵端午祭从阴历三月二十号制作神酒开始,四月初一和四月初八在大城隍寺祭祀,向神献奏、读祝并献上巫乐。四月十四晚在国师城隍寺祭祀后,到山顶迎接大关岭国师城隍,之后回到江陵,途经女城隍寺时进行祭祀并迎接女城隍。四月二十七日跳大神,五月初一在江陵南大川的本祭厅开始本祭,连续几日在此处跳大神、跳官奴假面舞,并举行各种民俗游戏。最后,在五月初七举行送神祭,将两位神送走。端午祭是江陵地区最大的民俗活动,古时由郡守担任祭官,现在由江陵市市长担任祭官。祭祀的主要目的在于祈求大关岭地区道路通畅、农业丰收、渔业兴旺。此外,祭祀三天前就在大关岭山神堂和城隍堂扯上线,禁止外来者和不净之人进入。

此外,从端午开始,天气逐渐炎热,人们开始使用扇子。朝鲜王朝时期,端午节这天,宫中的工曹制造扇子进献给君王,君王亲自把这些扇子赐给宰相、大臣和侍从,这就是端午扇。收到扇子的人常在扇上画金刚山一万两千峰,艺妓、巫女则会画上柳絮、桃花、莲花、蝴蝶、白金鱼和夜鹭等。湖南、岭南地方的官员和节度使会向君王进献节扇,此外友人之间也互赠扇子。扇子有僧头扇、鱼头扇、蛇头扇、合竹扇、班竹扇、外角扇和内角扇等,最大的扇子是白贴和漆贴,有 40～50 个扇骨。

端午又称"端阳""天中",人们制作写有红色避邪文的神符贴在门楣上以驱赶恶鬼,这就是端午符,又称"天中符籍"或"蚩尤符籍"。朝鲜王朝时期,观象监每年端午都会制作端午符贴在王宫的门楣上。避邪文一般是"五月五日天中节,上接天禄,下得地福。以蚩尤神之铜头、铁额、红唇、红舌消灭四百四十病,速速如律令"。端午是一年中阳气最盛的一天,所以这天贴神符效果最好。

端午这天人们会换上新衣,叫做"端午妆"。端午妆的作用是在一年中阳气最盛的一天驱除厄运、祈求健康长寿。这一天,男女老少都穿上红色或绿色的新衣,女人们用菖蒲水洗头,相信这样会使头发顺滑飘逸、不易脱落。她们还用菖蒲根做成发簪插在头上,并刻上"寿"字或"福"字,簪尾涂上胭脂,据说这样不仅不会头疼,还能驱除厄运。

这一天,为了不中暑、不长疮,人们会早早去接菖蒲叶子上的露水洗漱,或直接去菖蒲茂盛的水边洗澡。女人相信喝菖蒲水有益身体健康,也有人煮百草或在早上喝益母草汁,还有的地方做艾草糕。此外,这一天人们有上山采摘益母草和艾草的习惯。艾草和益母草都是中医常用的草药,人们认为端午左右采摘的药效更好。

自古以来,端午节也是韩国人们进行游戏的日子,妇女们会在这一天荡秋千、跳跳板,男人们则在这一天举行摔跤比赛。

自古以来,荡秋千就是端午节朝鲜民族妇女们的主要游戏。传统的韩国社会对妇女的限制很多,她们的活动空间被局限在家中,完全没有自由,但是端午节这一天她们可以一起荡秋千,看到外面的世界。所以说,在那时,端午节是妇女们难得的自由日。

荡秋千是把带有脚凳的两根绳子拴在树上,一个人或者两个人站在上面,前后晃动绳子,使之不断向高处荡。两个人荡的时候,两人面对面站在脚凳上,轮流用力荡起秋千,比一个人荡的时候高很多。韩国的秋千一般安在村子的入口处或村子后面的大树上,主要在端午节的时候玩。

据记载,这项民俗游戏是北方游牧民族为锻炼身体的敏捷性而发明的,在北方比南方盛行。现在,每到端午节,在韩国各地仍能见到荡秋千的人群。人们在空旷的广场上架起秋千,在秋千的正前方另立上两根竹竿,竹竿上挂上一个铃铛,先踢到铃铛的人获胜。

摔跤是韩国男性玩的一种传统民俗游戏,又称"角抵""角力""角戏"。壮丁们在平坦广阔的沙场或草坪上比赛。关于摔跤的内容将在第八章进行详细介绍。

6. 流头日

阴历六月十五叫做"流头日","流头"一词是"东流头沐浴"的简称。早在新罗时期,韩国人就有在这一天到清澈的溪边沐浴、洗头的风俗,据说这样就能驱除不祥,夏天也不会中暑。人们相信东方是阳气最盛的地方,所以多挑选水向为东的溪流。

流头日这天,文人雅士备好酒肉到溪谷或水亭吟诗,叫做"流头宴";将面条、年糕和新摘的西瓜、甜瓜等水果一起供在祠堂祭祀,叫做"流头荐新"。古代的韩国人具有强烈的祖先崇拜思想,所以当新的水果成熟时,都是先供奉给祖先。

流头日这一天的饮食主要有流头面、水团、干团、霜花、莲饼等。人们认为这天吃了流头面就能长寿且不中暑。水团是将糯米团蒸熟,揉成珍珠的形状,加入冰水和蜂蜜制作而成的食物;干团则是不加冰水。这天人们还会把面粉和好,做成珍珠形,染成五彩的颜色,将三个叠在一起,用彩色的线穿起来,挂在腰上或大门上,据说这样可以除恶避邪。

7. 七夕节

七夕是指阴历七月初七,在韩国,人们在这天祭星。据说,牵牛星和织女星相互爱慕,因此被玉皇大帝处罚,每年只能在七夕这一天才能见面。于是,每年的这一天,喜鹊和乌鸦在银河上展开翅膀搭成乌鹊桥,牛郎和织女踏着乌鹊桥相见。又有传说,喜鹊和乌鸦为了搭乌鹊桥会掉很多羽毛,所以这天一定会下毛毛雨,叫做"七夕雨"。

七夕正值南瓜、黄瓜和甜瓜成熟的时期,故而民间有用南瓜祭祀七星的风俗,还会在田间进行祭祀以祈求瓜果的丰收。此外,人们也用新鲜水果和新麦做的糕祭祀家神,祈求家人平安、消灾免祸、农事丰收。

七夕也常请来巫女,摆上供品跳大神,为经常祭拜七星神的人祈福。信佛的人则会去寺庙上香,祭拜七星神。每个人迎七夕的方法都略有不同,最普通的做法是把井华水供在酱台上,双手合十向七星神祈求全家健康平安。随着住居文化的变化,祭家神的家庭已经越来越少,但是迎七夕和去寺庙上香的风俗都还在延续。

此外,这一天妇女们还有乞巧的习俗,在七夕夜里向织女祈求赐予自己一双巧手。此外,七夕刚好是梅雨结束的时节,韩国人有在这一天晒书和衣服的习俗,经过晾晒的书和衣服冬天就不会发霉了。

8. 百种日

阴历七月十五是百种日,又叫"亡魂日"或"中元"。百种日是指各种水果和蔬菜成熟于这个时节,能够集齐一百种庄稼的种子,"亡魂日"这个名字则源于这天祭拜祖先亡魂的习俗。

百种节的祭祀来源于新罗和高丽时期的佛教仪式——盂兰盆会。根据《盂兰佛经》记载,目连尊者在得到六神童以后,发现死去的母亲正在恶鬼岛遭受苦难,便向佛祖请求解救母亲的方法。佛祖说可以用世间各种食物和东西来供奉僧人,目连尊者便用这种方法将自己的母亲从地狱中解救了出来。所以,在古代,这天晚上人们会供上各种饭、菜、水果、油和蜡烛等为活着的父母及死去的七代祖先祈福。

自古以来,百种节这天人们会聚集在一起,唱歌跳舞。有的地方还举行摔跤比赛或玩打木球等游戏。长工们也休息一天,农事丰收的家庭还会让长工骑牛或坐轿,以示犒劳。农村在百种日的前后设集市,叫"百种场"。主人会在这天给长工买新衣和逛集市的钱,叫做"百种钱"。有些地方在这一天去山中扫墓。百种节通常是休息的日子,但济州岛民却在这一天更努力地下海捕鱼,因为他们相信百种日能捞到更多海货,并将这天捕到的海货拿到汉拿山上祭祀山神。

9. 中秋节

阴历八月十五是中秋节,又称"嘉俳"。秋天分为初秋、中秋和终秋三部分,而阴历八月刚好是在中间,故称"中秋节"。中秋节是韩国的第二大节日,是家家团聚的日子,也是农民们庆祝丰收的日子。

根据《三国史记》中的记载,新罗时期,王把新罗分成六个部,由两位公主分别带领各部的女子组成团队,从阴历7月16日起开始纺线、搓麻。到八月十五这天,根据成果的多少,输的一队要准备酒菜来祝贺赢的一队,并且唱歌跳舞,做各种游戏,称为"嘉俳"。可见,韩国早在新罗时期就有过中秋节的习俗了。

中秋节这天在各个地区都有丰富多彩的民俗活动。

中秋节的前两三天,人们会到祖坟去扫墓,扫墓的主要工作就是去除杂草,韩语中叫"伐草"。虽然寒食节的时候已经扫过一次墓,但是一个夏天过后草木再度生长,所以在秋季二度扫墓。在韩国,将祖坟修理得干净整洁代表着子孙对死去祖先的尊敬,祖坟上杂草丛生不仅非常不吉利,也是子孙不孝的表现。

到了中秋节这一天,人们早早起床,穿上新衣,用新鲜的时令水果和新米做的酒及松饼祭祀祖先,祭祀结束后,长辈会给孩子讲述祖先的功德,然后带领孩子去扫墓。晚上,一家人回到院子里赏月,根据月亮的形状和亮度占卜运势。

古时候,忙于收割的人们会在八月十五这天和亲戚聚在一起,度过愉快的一天。出嫁的女儿可以在娘家和婆家的中间位置同母亲相见,分享各自准备的食物,倾诉思念之情,这种习俗叫做"中路相逢"。

中秋正值秋高气爽、天高马肥、各种瓜果谷物成熟的时节。韩国有句俗话叫"五月农夫,八月神仙",就是说这时是农民最喜悦的季节。农民们在这天载歌载舞,庆祝丰收。这个时节盛行的民俗游戏主要有强羌水越来、牛讨食、乌龟游戏、斗牛、斗鸡、斗花轿、掷枊、拔河和荡秋千等。

强羌水越来

强羌水越来是全罗道地方的民俗游戏，被指定为韩国第八号非物质文化遗产。中秋节晚上，穿着漂亮韩服的妇女们聚在一起，手牵手围成圆形，唱着"强羌水越来"，边转边舞。

关于强羌水越来的由来，还有一段故事：传说，壬辰倭乱时期，李舜臣将军带领水兵来到海南。李舜臣军队人数并不多，为了震慑敌军，使之不敢来犯，李舜臣命令海南地区的妇女们换上男装，围着玉埋山山腰不停地转圈。海上的敌军看到此番景象，心生畏惧，便撤军了。战斗结束后，附近的妇女为纪念这一事件，创造了"强羌水越来"这一民俗游戏。从汉字字义上看，"强羌水越来"有"强悍的野蛮人越水而来"的意思；从韩语来看，有"警戒周围情况"的意思，可能是当时的口号。

直到今天，这个游戏仍旧备受年轻女子的喜爱。游戏时大家手牵手站成圆形，边唱"强羌水越来"边舞。根据节奏的快慢，强羌水越来可分为长、中、短三种。游戏从慢拍开始，随着大家兴致的增高，歌曲越唱越快，舞蹈动作也越来越快，到大家玩累了，歌曲再度回到慢拍。

牛讨食游戏

牛讨食是畿湖地区的民俗游戏之一，主要在上元或中秋傍晚时玩，意在感谢牛在农活中所起的重要作用。游戏时，两人屁股对屁股地趴着，背上铺上凉席，做成牛的形状，由村子里的男青年赶着这头"牛"到富人家讨食。富人家会拿出酒菜，盛情招待。游戏时通常还有农乐队伴随左右。

乌龟游戏

乌龟游戏是京畿道南部地区和忠清北道地区的民俗游戏，主要在八月十五进行：将玉米杆剥下来做成乌龟模样，前后分别进去一人，像乌龟一样慢慢进到各家各户拜访。前面有人用绳子套住乌龟的脖子拉着前行，后面跟随着热闹的农乐队。队伍围着村庄转一圈后，选择较富裕的人家，走到门口时，农乐队先演奏音乐，然后拉乌龟的人就大喊"东海乌龟越过大海来到了这里"，主人马上出来迎接，请乌龟进门。乌龟进门后先在院子里跳舞，队伍中会有一人唱咒词，祈祝本村人健康长寿。在院子里转完一圈后,乌龟趴在地上不动了,由拉乌龟的人对主人说:"乌龟从东海远道而来,玩累了,请给点吃的。"主人家会拿出糕、水果、酒、饭等热情招待。队伍一行吃完饭后稍事休息,拉乌龟的人对着乌龟说:"乌龟啊,酒足饭饱了,谢谢主人吧!"乌龟给主人行大礼,再在院子里转一圈,随即离开,转去别家。

斗牛

斗牛是庆尚南道地区的民俗游戏,一般在八月十五进行。古时候,每个村庄都会单独喂养斗牛用的牛,并将斗牛的胜利当作整个村庄的名誉。主管此项活动的官吏根据年龄和体格将牛分成不同的组进行比赛,先跪下或翻到的牛就算输。今天,为提高比赛的激烈程度,有人甚至会在比赛开始前强制给牛灌酒。

斗鸡

这里的"斗鸡"并不是真正的斗鸡,而是人们模仿鸡单腿站立的姿势,用手扳起一条腿,拿这腿的膝去撞对方的膝盖,谁先倒在地上谁就算输。

斗花轿

斗花轿是庆尚北道地区的民俗游戏。古时候,每到中秋节这天,私塾的孩子们就分成两队,每队各持一架带有四个轮子的花轿,分别试图接近对方的花轿,花轿被抢或被损坏的一方输。人们认为,赢的一队会有更多的人通过当年的科举考试。

10. 开天节

阴历十月初三是开天节,即檀君开国纪念日。1949 年 10 月 1 日,韩国政府以法律形式确定这一天为韩国的国庆日。据说,在公元前2457 年的阴历十月初三,韩国的祖先檀君接受天神桓仁的旨意降临太白山顶的神檀树下,创建韩国。

韩国将阴历十月称为"上月",认为是最神圣的月份。自古以来,开天节这天都会举行祭天仪式,如扶余的迎鼓、马韩和卞韩的契饮、高句丽的东盟、百济的郊天、新罗和高丽的八关会等。今天,韩国人仍然尊奉檀君,在开天节祭天,祈求国泰民安。

11. 除夕

除夕是腊月最后一天的夜晚,又称"除夜"。因为是一年的最后一天,自古以来,无论宫中还是民间都高度重视,流传下很多民俗活动。

人们在这天清算自家一年的账目往来,追讨所有的债。一旦过了午夜,直到正月十五都不能讨债,所以有人会追债追到这一天的半夜。

朝廷中二品以上的官员要觐见君王,给君王问安,民间则去祠庙祭拜并给家中的老人问安。除夕晚上的祭告叫做"祠堂祭",又叫"旧拜年"。点亮蜡烛、摆好祭品后,家长单独进行祭拜,禀告祖先这一年家中平安无事。

除夕夜子时,家家户户在院子里燃放爆竹。人们相信爆竹燃放时发出的震耳欲聋的声音能把去年藏在家中的杂鬼全部吓跑,这样就可以开开心心地迎接新年了。古时候,宫中也有在除夕夜燃放年终炮和敲锣的习惯,朝鲜王朝时期,除夕在田野中举办驱除恶鬼的傩礼仪式。直到今天,政府还会在除夕夜放三响炮,叫做"岁炮",与民间燃放爆竹有着同样的意义。

此外,房间、院子、厨房、大门及厕所等各个角落都要灯火通明,人们整夜不睡,叫做"守岁"。因为人们相信杂鬼害怕明亮的地方,开着灯就能防止杂鬼出入。炉灶后边也一定要点灯,据说灶王爷在腊月二十五日返回天庭,报告自己所看顾的家庭这一年间所发生的事情,除夕这天回归原位。据说如果这天晚上睡觉,眉毛会变成白色,所以人们通宵玩些游戏来打发时间,如果有人不小心睡着,大家就会把他的眉毛涂成白色,把他叫醒来吓唬他。

二、农事节日

韩国的岁时风俗是以自然历法为中心而形成的。在农耕社会中,人们配合农耕制作出生产历,再按照生产历进行岁时习俗。很多重要的节日都和月令有直接的关系,而月令是和农业生产活动息息相关的,因此,这部分岁时习俗大都与播种、除草、收获等农事活动直接关联,这些节日就被称为农事节日。韩国主要的农事节日有二十四节气和长工日、竹醉日和洗锄日等。

1. 立春

立春是新年开始的标志,这一天人们会在大门或柱子上贴立春帖,又称"立春祝"。古时候,每到过年,大臣们会写诗献给大王,写得好的被贴在柱子或大门上,叫做"春帖子"。这种习惯流传下来,就形成了立春时在家里的柱子或大门上贴字联的风俗。虽然也有人只写"立春"两个字,但一般都是贴一些句子,立春帖的常用句子主要有下面这些。

- 寿如山　富如海
- 去千灾　来百福
- 立春大吉　建阳多庆
- 父母千年寿　子孙万代福
- 天下太平春　四方无一事
- 灾从春雪消　福逐夏云兴
- 扫地黄金出　开门百福来

此外,立春这一天还会在屋桁上贴帖子,常用的句子如下。

- 春到门前增富贵
- 春光先到吉人家
- 上有好鸟相和鸣
- 一春和气满门楣
- 一振高名满帝都

立春这天,为阻挡厄运,祈求一年的财气和福气,还会举行盛大的神祭活动,叫做"立春神祭",又叫"避横数(横数指意外的灾难)神祭"。如果前一年的占卜显示今年将有厄运,就会在立春这一天找巫女来跳大神,以驱除厄运。

此外,这天,人们还会炒五谷来占卜农事,把五谷倒入锅里炒,从锅里最早跳出哪种谷粒,就表示这种作物今年的收成最好。

2. 长工日

阴历二月初一叫做"长工日"。这一天,为了慰劳即将开始干农活的长工,主人会准备好酒和食物,长工们则奏起农乐,唱歌跳舞。在有互助组的农村里,新进入互助组的 20 岁青年要在这一天请互助组的前辈喝酒。此外,这一天会按照年龄给长工们年糕吃,做年糕用的大米一般在正月十五准备好。

3. 雨水

雨水是春天的第二个节气,一般在阴历二月十九左右。这时太阳转到黄经 330°,冰雪融化成水,大地回春,万物吐绿。人们常常以雨水这一天的天气来预测一年的农事。这一天下雨就表示会丰收,阴天表示收成平平,晴天则预示着歉收。

韩国自古就有“雨水、惊蛰,大东江水融化”的说法。太阳转到黄经 330° 时是雨水入气日,古时候人们通常将这一天的后 15 天等分为三候,分别是水獭开始捉鱼、大雁北飞和草木发芽的时间。

4. 惊蛰

惊蛰是二十四节气之一,又称“启蛰”,一般在阴历二月。这时太阳黄经为 345°,冬眠的动物苏醒,天气变暖。据《岁时记》载,在农村,这一天人们会去水田或池塘等地找来青蛙卵吃,有益健康。据说这一天动土一年不会生病,所以这一天砌墙抹墙的特别多;此外,人们还根据大麦苗的长势占卜一年的农事,并且相信这一天喝丹枫汁对胃病和性病有很好的疗效。

5. 清明

二十四节气中的第五个,一般在阴历二月底三月初,此时太阳黄经为 15°,万物洁净,空气清新,故称“清明”。人们把清明到谷雨之间的十五天等分为三候,第一候梧桐树开始开花;第二候开始出现云雀;第三候能看到彩虹。

从清明开始,农村进入农活期。据《东国岁时记》清明条载,古时候宫中在这天用柳条和榆树枝燃出新火献给君王,君王再将此火分给各地方官吏,第二天寒食节时各地方官吏再将火分给百姓。新火到达之前百姓要灭掉旧火,所以在等待新火时无法做饭,只好吃冷的饭,这便是寒食节的来历。

在此前后,人们用糯米酿制清明酒,酿制七天后,滤除上层漂浮物,喝剩余的部分。并且,由于一年中这时做的酱味道最好,人们通常会在这时做好一年吃的酱。清明还是黄花鱼最嫩最香的时节,所以清明到谷雨这段时间西海盛行抓黄花鱼。

6. 谷雨

谷雨是二十四节气中的第六个,也是春天的最后一个节气。谷雨一般是在三月中旬,太阳黄经为30°。据说这天的春雨能够滋养各种谷物。农民在这天开始泡稻种,为插秧做准备。为了丰收,需要防止不净的人看到稻种,故而农民们会用松树枝挡住泡稻种的草袋子。

此外,因为这时是树木水分最多的时节,且据说喝树液有益身体健康,所以在全罗南道、庆尚南道、庆尚北道和江原道等地都有到山里喝谷雨水的习俗。人们在白桦树、檀木和猕猴桃等树的树干上划开口,挂上桶接树液喝或者到山里接泉水喝。

早在统一新罗时期就有谷雨这天在智异山进行泉水祭的风俗,由朝廷派遣的祭官向智异山的神灵奉上猕猴桃茶,祈求太平盛世、农业丰收。

韩国有谚云:“谷雨无雨,地旱三尺”,就是说如果在该下春雨的时候不下雨,这一年都不会丰收。

7. 芒种

芒种是二十四节气中的第九个,一般在阳历六月六日左右,此时正值阴历四五月,是适合插秧和收割大麦的时节。俗语道:“芒种前,快收麦”,这是因为过了芒种就开始起风,很容易把麦子刮倒。

古时候的中国将芒种均分为三候:初候开始出现乌鸦,中候苍鹭开始鸣叫,末候画眉鸟停止鸣叫。芒种风俗因地而异:在全罗道,人们会在这一天将大麦烧了吃,以祈求来年大麦丰收。而且,人们相信这一天吃被露水打湿的大麦有利于腰部健康,且一年都不会生病。在中部及南部地区,人们相信如果芒种这天打雷,今年的农事就会歉收。在庆尚道的岛屿地区,人们认为芒种不能太早也不能太晚才是吉祥之兆。也有地区用芒种的时间占卜一年的农事,认为只有芒种在阴历四月大麦才会丰收。此外,这一天还有吃大麦饭的习俗,做法是将大麦的穗摘下来,捻掉皮,将大麦粒炒熟磨碎,再做成粥。

8. 竹醉日

阴历五月十三是竹醉日,又称"竹述日"或"竹迷日"。传说这一天种的竹子会长得特别好。在韩国,全罗道和庆尚南道都是盛产竹子的地方。现在每到这一天,人们还会种植竹子,并祈求竹子的丰收。

9. 洗锄日

到了阴历七月份,农活基本告一段落,人们会在这个月里挑选一天,家家户户准备酒菜,唱歌跳舞,尽情娱乐。由于到这时劳作中基本不再使用锄头,所以这天会把所有的锄头仔细洗过收起来,故而这天被称为"洗锄日",又叫"长工日"。

洗锄日会举行"洗锄宴",农夫们演奏农乐,犒劳平时表现最好的长工,让他戴上笠帽、骑上牛背,绕村一周,还请他喝酒。长工主人则请全村人吃喝一顿。

10. 冬至

由于冬至一般在阴历十一月,韩国也把十一月叫做"冬至月"。冬至是二十四节气之一,在大雪和小寒之间,阳历为 12 月 22 日或 12 月 23 日。这时太阳直射南回归线,是北半球白天最短、黑夜最长的一天。这天之后,白天逐渐变长,黑夜逐渐变短。正因为如此,自古至今,冬至一直被视为一个重要的节日。

冬至也称"亚岁"或"小年",民间甚至有"冬至吃了红豆粥就能长一岁"的说法。宫中,这一天君臣聚在一起举行会礼宴,并向中国派遣冬至使。地方官员向君王呈上笺文祝贺。民间则会煮红豆粥,粥里放上用糯米粉做成的鸟蛋状颗粒,叫做"鸟蛋心"。祭祀时也使用红豆粥。此外,为驱赶疫鬼,人们还把红豆粥抹在墙和门上。这是因为传说古代有个叫共工的人,他的儿子在冬至那天死掉变成疫鬼,疫鬼害怕红豆,所以就有了冬至煮红豆驱赶疫鬼的习俗。

冬至这天观象监制做月历,叫做"同文之宝",君王在上面印上玉玺印,颁赐给各处官员,官员再分发给自己的亲朋好友。这与夏天送扇子的习俗一起统称为"夏扇冬历"。此外,内医院还将牛皮、官桂、生姜、丁香、胡椒和蜂蜜等混在一起,放在油中熬成固体后献给君王。

三、民间信仰风俗

除了传统节日和与农业生产活动紧密相关的农事节日外,韩国的岁时风俗中还有一部分是与民间信仰相关的,可以称为民间信仰风俗,主要有鬼节、二月初一炒黄豆、二月初二大扫除、风神祭、马日、腊日等。

1. 鬼节

在韩国,正月十六是鬼节。人们认为这一天出门就会被鬼盯上,所以这一天大家都会尽量待在家里。不仅如此,人们待在家里什么事情也不能做,因为相传这一天男人如果做事,一整年都会灾难不断,女的如果在这一天做事,就会变成寡妇。

日落后,人们会在自家的大门前烧头发和竹子,人们相信,头发燃烧后发出的难闻的味道和竹子燃烧时发出的声音会赶走恶鬼。

2. 炒黄豆

阴历二月初一,家家户户都会炒黄豆,边炒边说:“炒鸟蛋、炒老鼠蛋、炒黄豆喽!”人们相信,这样就没有老鼠和鸟偷吃谷物了,家里也不会有百足虫(马陆)出现。

此外,也有人用炒黄豆预测一年的收成:将一公斤黄豆加大麦放入锅中炒,炒完后若还能有一公斤就代表会丰收,相反则会歉收。

3. 麻占

二月初一人们会根据家里来客的个子、性别和职业判断一年的农事或家人吉凶祸福,这种占卜叫做“麻占”。人们相信如果这天家里来的第一个客人个子很高,今年的麻会丰收,这位客人也会因而受到款待;相反,如果第一位客人个子很矮,今年的麻会歉收,客人也不会受到欢迎。因此,有人会故意招呼高个子的朋友在这天来自家做客。

此外,这一天人们也会根据来客的性别进行占卜,叫做“访问者占”。比如,在忠清南道的公州,人们认为二月初一如果男客人先来做客,今年的鸡就会很好,而相反如果先来的客人是女性,今年的鸡就会不好。在忠清南道的燕岐,人们认为二月初一如果男客人先来,这家的牲畜就会好,而女客人先来的话,牲畜就不健康。

做生意的人认为,如果这天一大早就有人来买东西,一年的生意都会很好,如果与第一个客人的生意没有做成,一年的运气就都不好。因此,第一笔生意即使卖得很便宜也会高高兴兴成交。这个风俗在韩国各地都有,也是访问者占的一种。

4. 大扫除

二月初二这天,家家户户都要大扫除,并且会在墙上贴"香娘阁氏千里速去"的符。这是因为二月是百足虫开始出现的时候,据说贴了这个符就能赶走百足虫。

5. 风神祭

二月初一到二月二十之间会举行祭祀风神的风神祭,这个民俗活动来源于一个传说。相传,天上的风神——燃灯婆会在每年二月初一带女儿或儿媳来到地上,二十号返回天上。如果是带女儿来,当天天气就会很好,但如果是带儿媳来的话,不仅当天会有暴风雨,影响一年的农事,而且她们在地上的这段时间也会风雨大作,造成翻船等事故的多发。这是因为母亲与女儿之间相安无事,而婆媳之间却有很多矛盾。

为了避除风神及其儿媳带来的风灾,农村和渔村会对他们进行祭祀,称作"风神祭"。每个地方风神祭的程序都有所不同,但主要程序大体一致:在前一天(正月三十),为迎接燃灯婆,人们事先挖黄土撒在门前,同时把绑有彩布的竹竿挂在柴门上,禁止乞丐、病人等不净的人出入。在燃灯婆到来的二月初一这一天,鸡鸣第一声后,将清水供奉在放酱缸的台上、储藏室或厨房中祈愿,人们相信只有这样做才能全家平安。此外,还会把白纸或碎布绑起来做成牌位,准备好祭品进行祭祀,祈求家人平安、农事丰收。进行风神祭的这段时间有很多禁忌,如不能糊窗户、不能穿漂亮衣服、不能耕地、不能把米拿出来等。

在主要以捕鱼为生的济州岛,阴历二月初一到十五会举行燃灯神祭。燃灯神祭在村里的本乡堂举行,但祭祀的并不是本乡堂神,而是二月初一上岛十五出岛的灯神燃灯婆。人们认为这期间燃灯婆能够让海螺、鲍鱼、海带等增殖,还能保护出海的渔夫。所以,会在这期间选一天(一般是初一、十三、十四或十五)进行神祭,即燃灯神祭,可以说这是为海女和渔夫们祈福的神祭。

燃灯神祭由渔村契或海女会主管并筹集经费,祭官也从渔夫或海女中挑选。神祭的过程一般是先进行初监祭(济州岛所有神祭中的第一项,用来请神),将神请来为大家祈福,然后迎女神,最后将神送走。然后,人们向海中撒小米种子,意在希望海产增殖;还把小米撒在席子上占卜今年海产是否丰盈,这被称作"种子占卜"。同时还会进行一种叫做"送纸"的祭祀,这是对龙王和溺死鬼的祭祀,祭祀时把祭品包在纸里撒在海中。

另外,在这一天,为了让风神燃灯婆高兴,济州岛的人们还会在长长的竹竿尾部绑上彩色的绸缎,做成马头的形状,表演"跃马戏"。晚上还会点上灯做提灯游戏。这又叫做"跑马戏"。提灯活动时不能接近海面,更不能下海,否则会遭遇大风或因流年不利而有灾难,这天不可在家洗衣服,否则会生虫。

6. 三伏风俗

夏至后的第三庚日(阳历7月12日–7月22日)称为"初伏",第四庚日称为"中伏",立秋后的第一庚日称为"末伏",有时中伏和末伏会有20天的间隔,叫做"越伏"。初伏、中伏和末伏统称"三伏",是一年中最热的时候。这时,人们会备好酒菜去山中或水边游玩。古时候,君王会在三伏将藏冰窟中的冰块取出分给高官。在民间,为避暑保身,有吃参鸡汤和狗肉汤的习俗。有些地方还在三伏天吃红豆粥,认为红豆粥可以抵挡鬼怪。为使粥更美味,还在红豆粥里加入小汤圆一起食用。通常认为伏天是不祥的日子,禁播种、出游、治病。

7. 马日

马在长途旅行和古代战争中起重要作用,因而受到人们的重视。在韩国,十月的午日为马日,这一天,人们会用红豆做成年糕放在马厩中告祀,祈祝马的健康。但是,由于丙午日中的"丙"与"病"同音,这一天不能作马日。戊午日中的"戊"字有茂盛的意思,被认为是最好的马日。如果在戊午日告祀,常用韩语里同"戊"字谐音的萝卜做糕。

8. 腊日

冬至后的第三个未日称为腊日,又叫"腊平""嘉平节"。这天,国家会捕猎野猪、野兔等作为祭品,隆重祭拜宗庙、社稷,叫做"腊享"。民间,百姓们这一天在家中祭祀祖先。

腊日夜间,农民们三五成群去抓麻雀,给小孩子治疗冻疮。湖南地区认为腊日熬制的麦芽糖特别好吃,还能够用作药材,所以有在腊日夜里熬麦芽糖的习俗。宫中的内医院也会在这天制作各种丸药,叫做"腊药",君王把这些丸药赐予近侍和至密内人。此外,腊日这天降的雪也可以作为药水使用,人们相信,这天的雪水不但可以治疗眼疾,用来做大酱也会特别美味。

9.闰月民俗

按照太阴历计算,一个朔望月的时间是29.53天,所以阴历十二个月比一个太阳年少十一天。为防止阴历时间和季节不符,会在有的年份多加一个月,于是这一年就成为"闰年",而加上的这个月就是"闰月",也称"空月"。

朝鲜民族认为闰月是神灵休息的时间,这个月里做什么都百无禁忌,可以搬家、修缮房屋、结婚,并且是最适合准备寿衣的时间。

时运不佳的人常利用这个月驱除厄运。在全罗道,人们把石头顶在头上,绕古城三圈,相信这样就能消灾去厄、长命百岁。

除上述风俗之外,韩国人在一定的季节都会进行一些娱乐活动,这些习俗也是岁时风俗中重要组成部分。如初春时期放风筝、跳跳板;农历三月三十是春天的最后一天,文人墨客们会在这一天准备一些酒菜,到幽静的山谷或清澈的江边吟诗作对,给春天饯行;在炎热的夏天就会到江边避暑,到乡村溪边就地捕鱼做汤;到了枫叶转红、景色秀丽的九月,就到野外赏枫郊游。

第二节　儒教节日

韩国是一个多种宗教并存的国家,其中,对韩国人影响最大的是儒教。儒教在高丽末期传入朝鲜半岛,在朝鲜王朝时期成为官方意识形态。朝廷在教育、行政管理等各方面推行儒学系统,其价值观深深扎根到韩国人心中。许多传统的儒教仪式在今天韩国人祭祀祖先、婚丧嫁娶等重要活动中仍很流行,这些仪式已经日常生活化,成为了韩国文化的一部分。保留下来的单纯的儒教仪式主要有宗庙大祭和释奠大祭。

一、宗庙大祭

宗庙大祭又称"宗庙祭礼",在每年五月的第一个星期日举行。这天在供奉朝鲜王朝时期历代国王、王妃以及国家功臣灵位的宗庙中举行祭享仪式,同时演奏宗庙祭礼乐。宗庙大祭和宗庙祭礼乐分别被指定为韩国第五十六号和第一号非物质文化遗产。2001 年 5 月,"宗庙祭礼和宗庙祭礼乐"被联合国教科文组织指定为世界文化遗产。

宗庙是象征社稷和国家基业的最精致庄严的建筑,始建于 1395 年。主体建筑为正殿和永宁殿等宫殿,最初只有左边的七间,后来扩展为十九间。宗庙的主殿为正殿,殿内 19 个神龛中供奉着朝鲜王朝时期 49 位君王和王后的牌位。永宁殿由世宗大王兴建,16 个神龛中供奉着 33 个牌位。朝鲜王朝时期每年都要在宗庙进行祭祀活动。宗庙祭祀大体又分定时祭与临时祭,定时祭有四孟祭和腊祭,临时祭则在遭逢国家重大事宜告庙时举行。韩国宗庙祭祀在建国后曾因战乱一度废弃,1969 年起恢复举办。

宗庙祭礼属于吉礼之一,参加者都要身穿喜庆服装和礼服。朝鲜王朝时期的宗庙祭礼由君王和大臣参加,君王身着象征威勇的冕服,冕服是冕旒冠和章服的统称。冕旒冠是长方形覆版垂挂多个五彩玉珠的一种帽子,从冕旒冠上垂下的玉珠可以遮挡部分视线,象征着对下臣的某些过失视而不见,以示君王的宽容。从 1897 年大韩帝国时期开始,君王身着十二章服,十二章服上绣有日、月、龙、山、火、花虫等 12 种花纹,象征着皇帝的权威,表示皇帝承奉天命、兢兢业业治理国家。

宗庙祭礼严格遵依儒教规制,大致包括迎接先祖神灵、神灵享用美食、神灵赐福庇佑、送神等内容,按顺序依次为就位、迎神、晨裸礼(降神礼)、进馔、初献、大祝、亚献、终献、饮福、撤笾豆和望燎。

君王出宫之日,待大臣和护卫官员组成的出宫队列准备完毕,君王搭乘停在明政殿外的辇。侍卫和大臣手持遮阳伞和大扇在后跟随,之后是作为君王护卫队的玄武队。君王乘坐辇到宗庙正门前,在下马碑前换乘舆进入庙宫。

奉祝行列从正殿南门手持祝函沿神路进入,宣告祭礼开始。此时,替代君王的初献官由小次房移至正殿,祭官们各就各位,这叫做"取位"。为迎接先祖神灵，祭官须洁净身心。

迎神从恭迎在天之灵的神观礼开始，仪式中演奏祈求太平昌盛的音乐和舞蹈，以求天地保佑、王室繁荣。初献官进入神室，三进香后把一杯酒分三次敬献倒入管制筒内，然后敬献币帛，所谓烧香敬魂魄、斟酒敬体魄、白绸币帛敬神灵。

荐俎礼是为神灵设宴的程序：把用于祭祀的牛、豕、羊肝、血和黍稷用油质混合，同艾草一起焚烧，然后剥开盖在祭祀食物和酒类上的白纸。通过这种仪式祈求天下安定丰收。由于宗庙祭礼是国家最高级别的活动，祭品也经过了精心准备和制作——盛放食物的六十三种祭器均呈深红色，包括六十余种竹制的簠、木制的器具和铜制的器皿，每件器皿皆蕴含有阴阳五行的哲理。人们相信，哪怕祭品沾上一点灰尘，神灵也不会动用，因此如同精心准备祭器一样，用于祭祀的食物同样需要格外用心准备。香烟象征着魂魄，通过焚香可以召唤肉眼看不见但又实际存在的王室先祖，此外，飘向天空的香烟里还蕴含着祈求王室子孙香火不断的心愿。

神灵享用食物的程序从初献礼开始。朝鲜王朝时期，初献礼由君王亲自参加，是向先祖们进行祭祀的庄严活动，近来则由初献官向神灵敬献第一杯酒。初献官敬献第一杯郁鬯酒时，祭官宣读祭文。这杯酒饱含了凡人拥有的全部虔诚，象征了祈求子孙繁荣和王室安宁的心愿。进行初献礼时，站台上的献官们行四次跪拜大礼，以示对王室的敬忠。祭官和祝官跟随初献官依次走向 19 间神室，严格按照儒教礼节行事。古时亚献礼由世子或领仪政替代君王敬献第二杯，现在由亚献官执行，由终献官负责敬献第三杯酒，即终献礼。如此，先祖神灵享用子孙后代精心制作食物的程序全部结束。

神灵赐福的程序在饮福礼中得到具体体现，在这一程序中子孙们分用先祖神灵享用过的酒和食物，初献官享用祭祀所用的酒和食物，以示与先祖同在。

宗庙祭礼的最后一个程序是送神的望燎礼。祭官焚烧用于祭祀的币和香，先祖神灵欣然驾烟而去，烟气中似乎隐藏了先祖神灵对子孙后代的冥冥祝福。

宗庙祭礼乐是为烘托祭礼仪式的庄重气氛而演奏的乐曲和表演的歌舞。宗庙祭祀仪式的各个环节的演奏是以《保太平》和《定大业》为中心的各种乐曲，同时咏唱《宗庙乐章》，并用雅乐器、唐乐器、乡乐器合奏,舞佾舞,即赞颂先祖文德武功的《保太平之舞》和《定大业之舞》。

《保太平》和《定大业》由世宗大王亲手创编,于世宗十年首次在宗庙祭祀中演奏,后经世祖改编,趋于完善。宣祖时期由于"壬辰倭乱",音乐一度弱化,光海君时又逐渐恢复。仁祖四年(1626年),《保太平》的"贞明章"后加入了"重光章",直到1946年,祭祀时还演奏《保太平》,后来再度中断,直到1971年以后才得以恢复。

朝鲜王朝末期以前,宗庙祭礼乐一直由掌乐院的乐工传习。日本侵略时期则由旧王宫雅乐部的乐工继承。光复后,祭礼乐由国立国乐院艺术家传承下来。目前继承人仅有金钟熙等数人。今天的《保太平》由熙文、基命、归仁、亨嘉、辑宁、隆化、显美、龙光贞明、重光、大犹、绎成等十一曲构成,《定大业》由昭武、笃庆、濯征、宣威、神定、奋雄、顺应、宠幽、靖世、赫整、永观等十一曲构成;前者为黄钟宫平调(C-Sol),后者为黄钟宫面调(C-La)。

乐器用拍、编钟、编磬、方响、祝、敔、杖鼓、节鼓、晋鼓、唐笛、大芩、奚琴、牙筝、太平箫、大金等。宗庙祭祀的迎神礼和奠币礼上,乐工们先宣报乐曲名——《保太平》第一曲《熙文》。初献礼时,导唱(即领唱)咏唱歌颂先祖文德的乐曲,舞者两手分持竹和羽,舞八佾文舞。亚献礼和终献礼上,乐工们宣报《定大业》全曲,导唱咏唱歌颂先祖武功的乐曲,前两排舞者持木剑、中间两排持木枪、最后两排持弓箭和弓弩舞八佾武舞。进馔、撤馔和送神礼时,只奏雅乐曲,不唱不舞。宗庙祭礼乐是庄严、雄伟的乐曲,是五百年传承下来的吹打乐和乡乐的精华,可谓祭礼乐典之精品。

佾舞是中国周朝时期伴着雅乐起舞的一种舞蹈。"佾"是列的意思,"佾舞"即列队跳的舞。据《春秋左传》载,根据主人身份不同,佾舞又分八佾舞、六佾舞、四佾舞、二佾舞等。高丽睿宗十一年(1116年)六月高丽从中国引进雅乐,同时引进了文舞和武舞所需的服装、装饰各36套用于祭祀。朝鲜王朝时期的佾舞在世宗时期多以会礼乐舞的形式出现,世祖开始用于宗庙祭祀。

宗庙佾舞分文舞《保太平之舞》和武舞《定大业之舞》两种。

文舞是歌颂历代先王文德的舞蹈。在《保太平之乐》伴奏下,表演者左手持带有三个孔眼的管乐器——竹笛,右手持长杆上装饰有雉尾的"羽"翩翩起舞。据《乐学轨范》载,38名乐工当中,舞36人,纛2人,均头戴进贤帽,身穿蓝丝绸衣,围黑格衣裙,扎红腰带,穿白麻袜和黑靴。

舞蹈动作根据阴阳论之阳论创作，由抬左手、左足，身体左转弯曲开始。舞姿尤如"彩云追月"，温柔婉约，常用于迎神、奠币、初献礼中。

武舞是歌颂先王武功的舞蹈，没有定式，在举行亚献礼和终献礼时使用。表演者伴随《定大业之乐》韵律，手持木剑、木枪、箭、弓等起舞。乐工共 71 人，均头戴皮具，衣着服饰与《保太平》相同。除 36 名舞人之外，其余 35 人手持角、鼗、鼓、锣、小锣和五色旗等各种仪式用具，伴随音律起舞，类似于现在的仪仗队。舞蹈动作根据阴阳论之阴论创作，从抬右手、右足，身体右转并向上伸展开始，动作简洁明快，犹如逆水银龙，舞姿强劲，近似舞剑。朝鲜王朝时期盛行六列六行、共 36 人起舞的六佾舞，从宣帝后的大韩帝国开始扩大为八列八行的八佾舞。今日仍然沿袭八佾舞。

宗庙祭礼是遵循儒教程序举行的最高品位的王室仪礼，目的在于实践东方基本理念——"孝"。祭礼表现出了庄严肃穆之美。

二、释奠大祭

孔子在韩国家喻户晓，释奠大祭就是指祭拜孔子的祭拜典礼。韩国每年在首尔的成均馆文庙大成殿和全国 200 余所乡校同时举行盛大的"释奠大祭"，又称"释奠祭""释奠""释菜""上丁祭""丁祭"。1986年 11 月 1 日，释奠大祭被指定为韩国第八十五号重要非物质文化遗产。

"释奠"这个名字来源于"释菜奠币"，起初只是准备一些简单的蔬菜来祭祀，后来演变为用丰盛的肉、水果等进行祭祀。

中国传统的释奠一般是为了追拜古圣人和贤师而在学校举行的典礼。汉朝独尊儒术以来，逐渐仅以孔子为释奠的对象，628 年起将孔子作为先圣、颜回作为先师来祭祀，739 年追封孔子为"文宣公"，明朝起设大成殿。韩国的释奠也开始得很早。据记载，韩国大约在公元 372年的三国时代就开始了纪念孔子的释奠。新罗从唐朝带回孔子和十哲七十二贤的画像安置在太学中；高丽在国子监中设文宣王庙（文庙），并在文庙中进行释奠祭；到了朝鲜王朝时期，在成均馆设文庙，在文庙和地方的乡校每年春秋各举行一次释奠。朝鲜王朝时期的成均馆文庙不仅供奉了包括薛聪和崔致远等韩国十八贤在内的中韩共 112 位贤人的神位，各地方乡校则根据乡村大小还供奉不同数目的牌位。

韩国举行释奠的时间最初为每年阴历二月和八月的上丁日（第一个

丁日），自 2007 年起改为在孔子的忌日（阳历 5 月 11 日）进行春期释奠，在孔子的诞辰（阳历 9 月 28 日）举行秋期释奠。现在韩国释奠仍完全按古礼进行，包括朗读祭文、烧香、叩拜、敬酒等严格的祭祀程序，并有文庙祭礼乐和文舞（佾舞的一种），顺序依次是迎神礼、奠币礼、初献礼、空乐、亚献礼、终献礼、饮福礼、撤笾豆、送神礼和望燎礼。整个过程大概需要一个半小时，男子共行四次叩拜礼，女子行两次。主持仪式的人更是有许多"禁忌"，活动开始几天前就不能喝酒、不能听音乐、不能参加葬礼。

为更好地保存释奠大祭和文庙祭礼乐，1986 年韩国专门成立了成均馆释奠大祭保存会。

第三节　佛教节日

在韩国，佛教是信徒最多的宗教。它于四世纪经由中国传入朝鲜半岛，在新罗时期成为国教，影响着韩国社会的各个层面。很多佛教的礼俗、观念和节日都已经日常生活化，成为大众日常文化的一部分：如佛教仪式之一盂兰盆会已经演变为百种日的祭祀，而佛教始祖释迦牟尼的诞辰日——浴佛节则已成为全民公休日。

一、浴佛节

浴佛节是佛教始祖释迦牟尼诞生的日子，时间是阴历四月初八，民间称为"初八日"。这一天上午十点，在首尔的曹溪寺等全国各大寺庙集体举行奉祝法要式，太古宗、天台宗和真觉宗等佛教宗团的各个寺庙也会分别举行奉祝法要式。人们纷纷前往寺庙上香供佛、燃灯祭祀，所以这一天又叫"燃灯会"。

据推测，燃灯会是新罗时期就有的一项佛教活动。据高丽太祖《训要十条》载，燃灯会和八关会是高丽的两大重要活动。当时的燃灯会在正月十五和二月十五举行，这一天，宫中点上灯火，摆上茶果，君臣欢聚一堂唱歌跳舞,祈求王室太平。不同于只在开京和西京举行的八关会,燃灯会的范围涵括全国各个村庄。成宗时期,燃灯会曾因儒学者的反对一度中断,显宗时期得以恢复,并一直传承至今。

公元 1039 年,以兴王寺的建成为契机,高丽王朝举行了盛大的燃灯会,据史书载,"灯火树光照如画"。恭愍王时,辛旽曾在自己家中点燃百万只灯迎接君王。人们竞相制作体积更大、飞得更高的灯。早在四月初八的前几天,寺庙就开始制作各式各样的灯,商家也纷纷制灯出售。这些灯有的形似飞禽走兽,如鲤鱼灯、乌龟灯、鸡灯、鹤灯、鸭子灯等;有的状若植株瓜果,如西瓜灯、香瓜灯、牡丹灯、莲花灯等;更有的以建筑或神灵为题材,如仙人灯、七星灯、鼓灯、日月灯、楼阁灯等。为求吉祥,有的灯上还写有"太平万岁"或"福""寿"等字样。

古时候,除按家里的人数制灯以外,各家还在院子里立起灯竿,竿上插上鸡毛,并绑以彩色绸缎做成旗帜,叫做"呼旗"。做好呼旗后,用绳子把灯绑在上面。做不起灯竿的家庭在屋檐下挂上晾衣绳,把灯挂在晾衣绳上。四月初八晚,处处灯火通明,形形色色的灯在风中摇摆,美不胜收。人们还用纸将火药层层包裹起来,用绳子捆住点火,做出烟花的效果。有人还做稻草人为节日增添情趣。

今天,浴佛节的燃灯活动仍旧盛行于韩国民间。为庆祝释迦牟尼诞辰,各个寺庙都会挂上很多盏灯。1996 年起这项活动被命名为"燃灯庆典",形成了从东大门运动场到曹溪寺的提灯行列,并添加了佛教文化场、燃灯法会和宴会等活动,成为一项综合性的文化盛典。

浴佛节这天还会举行别具特色的绕塔仪式。据说佛祖释迦牟尼圆寂之后,其遗骨被保存在八座塔中,这就是兴建佛塔的开始,从此,"塔"成为了佛教的象征。韩国的绕塔仪式在寺庙里举行。佛教信徒们聚在寺中,通宵绕塔纪念佛祖功德,并念经诵佛。最初的绕塔仅使用梵钟、法鼓、云板和木鱼等四项法乐器,后来增加了三弦六角。绕塔时信徒们还唱"报念"和"百八精进歌"。

今天,绕塔已从最初单纯的佛教仪式逐渐演变成一种民俗活动。其程序一般是先在寺庙中间的大殿里诵念佛祖功德,之后信徒们手持念珠,在僧侣的引导下开始绕塔,绕塔一圈后进行塔祭,祈求佛祖庇佑国泰民安,并为自己祈福。之后继续绕塔。绕塔始终伴随着念佛、梵音、梵呗的音乐,场面严肃神圣。

二、八关会

另一大型佛教活动"八关会"始于三国时期,公元551年第一次举行,在三国时期共举行了三次,每一次都带有护国的性质。到了高丽时期,八关会成为定期举行的国家盛典。高丽太祖在《训要十条》中记述这个活动的性质为"祭祀天灵和五恶、名山、大川、龙神的比赛"。事实上,八关会是一天一夜严守"不杀生、不偷盗、不邪淫、不妄语、不饮酒、不奢侈、不高坐、午后不食"这八大戒律而形成的佛教仪式。

从《训要十条》的记述中可以看出,当时八关会已成为祭祀土俗神的节日,但它仍然具有护国和祈福的性质。从这点出发,可以说八关会与燃灯会有着相似的性质。不同的是八关会还具有一定的国际性,这天各地方官员都会向君王呈贺礼,宋、女真及耽罗的使节也会献上祝贺的礼物。

高丽时期各地举行八关会的时间并不一致:开京在阴历11月15日举行,西京则在10月15日举行。根据《高丽史》,八关会仪式有小会日和比赛日,仪式的前一天君王移驾法王寺,首都外的其他地方会举行歌舞百戏。在举行八关会的地方,佛教因素和土俗信仰因素并存,人们在四方挂上香灯,搭起两个彩棚。西京的八关会还是具有祖先祭礼性质的艺祖祭,一般由宰相主持。除987年至1010年这段时期,高丽几乎每年举行八关会。朝鲜建国后,随着"排佛政策"的推行,这个曾经的国家第一盛会逐渐消失。

第四节　基督教节日

基督教是韩国另一大宗教,虽然它传入韩国仅100多年,但在韩国的传播势头之猛、范围之广却令人惊叹。在韩国,城市、乡村教堂林立,处处让人感受到"上帝与你同在"。基督教的传入不仅给韩国带来了宗教教义,还带来了许多西方的学识。同时,众多基督教节日——圣诞节、情人节等也来到了韩国。随着西势东渐的深入,加之韩国年轻人对西方文化的推崇,基督教节日日益受到重视。

一、圣诞节

阳历 12 月 25 日是圣诞节,即耶稣诞生纪念日,是基督教最重要的节日。12 月 24 日通常称为圣诞夜,一般教堂都要举行庆祝耶稣降生的夜礼拜,献唱《圣母颂》《弥赛亚》等名曲。传统教会还把圣诞节前四周定为待临节,等待耶稣的再临和审判,并准备纪念他的诞辰。

事实上,基督教中原本并没有耶稣诞生日。圣诞节起源于罗马、埃及等异教地区的太阳崇拜思想及相关神话。冬至是一年白昼最短的日子,冬至之后白天越来越长,黑夜越来越短,象征着黑暗势力的退缩和光明势力的增长,于是人们把 12 月 25 日定为纪念日。基督教借用了这个日子作为耶稣纪念日。从前的时间概念和现在有所不同,"一天"是指一个日落到另一个日落,所以最初的圣诞节实际上指 12 月 24 日日落到 12 月 25 日日落的这段时间,这也便是圣诞前夜的来历。

西方各个国家圣诞节的习俗都各不相同。在现今的韩国,圣诞节已脱离宗教性质,成为一种大众文化活动。人们很早就开始作圣诞计划,很多人选择刺激有趣的滑雪运动。为了让人们安全地享受滑雪,各大滑雪场每年都更新设备,出租各种装备,为初学者开设滑雪讲座,并准备火把滑雪等丰富多彩的节目,为圣诞节增添欢乐。除滑雪之外,大多数人都不会错过另一个节目就是泡温泉。韩国温泉遍布各地,在温泉中度过一个圣诞,不仅可以消除一年的疲劳,也会给人留下不同以往的幸福回忆。温泉主题公园都设有住宿和娱乐等配套设施,让游客享受到舒适的圣诞之旅。

圣诞节当天,整个韩国都弥漫着浓厚的圣诞气氛。无论是东大门、明洞等购物中心还是年轻人经常出入的江南区,到处都能看到盛装的圣诞树、装扮一新的店铺。大街小巷的树上都挂满一闪一闪的小灯,洋溢着浓浓的欢乐气氛。午夜十二点,四处响起圣诞颂歌。很多家庭在家中装饰出漂亮的圣诞树,爸爸装扮成圣诞老人,在孩子睡熟的时候给孩子送上圣诞礼物。

二、情人节

阳历 2 月 14 日是情人节,又称"圣瓦伦丁节",是西方传统节日之一。这是一个属于情人们的节日,情人在这一天互送巧克力、贺卡和花,用以表达爱意,富有浪漫色彩。

情人节可溯源至古希腊的牧神节,当时的希腊人十分崇拜牧神"潘"。潘是丰产神祇,他被描述成半人半山羊的样子,性情粗野,喜怒无常。潘的工作是边吹箫边看守畜群,可是,他却很容易分心,与不少仙女和女神有过风流韵事。有一件雕塑表现了潘跟女爱神阿佛洛狄忒亲近的故事,爱神厄洛斯在他们上方振翅盘旋。

罗马人崇拜一个与潘类似的神祇,叫法乌努斯。法乌努斯也被描述成半人半山羊的样子。每年 2 月 15 日的牧神节,罗马人以狂欢作乐的方式膜拜法乌努斯。节日期间,一些身披寸缕的男子绕山奔跑,手里挥动着山羊皮鞭。想怀胎生子的妇女会站在跑道旁,希望能被皮鞭抽中。罗马人相信,如果被皮鞭抽中,妇人的不育症便会不药而愈。

在今天的韩国,一年里有十二个情人节,即每个月的 14 日,每个情人节都有不同的含义。

1 月 14 日是日记情人节。这天情侣们互赠足够记录一整年恋爱情事的日记本,以此象征两人将携手走过未来一年并留下更多美好回忆。单身的女孩们则在日记里写下对爱情的计划,在心中播下爱的种子。

2 月 14 日是传统的情人节。这天男朋友会送女朋友巧克力、贺卡或花,用以表达爱意。但是,女朋友要首先向男朋友赠送巧克力,否则男友不会赠物。

3 月 14 日是白色情人节。如果 2 月 14 日男生收到女生的礼物,那就应该在一个月之后的白色情人节作出答复,送女生糖果或白色巧克力。

4 月 14 日是黑色情人节。属于单身贵族。前两个月他们或许既没有收到甜蜜的小礼物,也没有可以赠送巧克力的对象,于是 4 月 14 日这一天,大家共聚一堂,彼此鼓励,藉此消除形单影只的落寞感。这天,过节的人会让自己生活在百分之百的黑色世界里,穿黑色套装,戴黑帽子,着黑皮鞋,吃黑黑的炸酱面,喝咖啡也不加奶和糖,享受黑咖啡的苦涩原味。

5月14日是玫瑰情人节。在这天穿黄色衬衫或套装、吃黄色咖喱饭是宣告单身的表示。和煦的春日里,黄色看上去也十分协调。5月是玫瑰发芽的时节,适合出游,许多情侣都选在这天相携到户外踏青。此外,玫瑰情人节也是表白的日子:送红玫瑰是倾诉爱意,送白玫瑰花表示仍犹豫未决,黄玫瑰则暗示分手。

6月14日是亲吻情人节。在这一天,情侣们不必再害羞,可以大大方方地用亲吻来表达爱意。韩国有些地方甚至举行"亲吻大赛"。

7月14日是银色情人节。这天是把意中人带回家介绍给父母长辈的日子,这一天的全部开销都由长辈买单。此外,银色情人节也是爱侣互赠银制礼品的日子。

8月14日是绿色情人节。酷热难耐的夏日,和自己的另一半来一趟清爽的森林之旅,尽情享受户外大自然,度过健康愉快的一天。

9月14日是照片情人节。举办大型社交活动。单身一族可以借此机会看看活动现场有没有自己中意的对象。许多情侣喜欢在这天以蔚蓝晴朗的天空为背景合影,"照片情人节"因而得名。

10月14日是葡萄酒情人节。这天恋人们轻啜葡萄美酒,庆祝充满诗意的秋天。通常情侣们会选择在浪漫别致的餐厅里共进晚餐,聊聊对未来的规划以及共同的目标。

11月14日是橙色情人节与电影情人节。这天情侣们可以连赶两场电影,例如先看一部紧张刺激的动作片释放压力,再来一部感人肺腑的浪漫爱情片互拭泪水,看完后两人一起喝橙汁。单身的人这一天也要喝杯柳橙汁。

12月14日是拥抱情人节。年轻的情侣在公共场合拥抱,向世界宣告彼此的爱意,让寒冷的冬天变得格外温暖。

第五章　人生礼仪风俗

　　人的一生通常指从出生到死亡的这段时间,但是,民俗学中所谓的"一生"是指从祈子到死后祭祀这段时间。在这期间的每个时期都有相应的风俗活动,包括祈子、出生、周岁宴、成人礼、婚礼、回甲宴、葬礼和祭礼等。在韩国,这些礼俗被称为"通过仪礼",指人从人生的一个阶段进入另一个阶段时所经过的仪式,也就是民俗学中的人生礼仪风俗。

　　人生礼俗是划分人生阶段的一种文化秩序,通过这些活动可以把人生区分为婴儿期、儿童期、成人期、老人期和先祖期等阶段。在非洲有些地方,无论一个孩子多么健壮有力,只要没有经过成人礼,就只是个孩子;相反,无论一个人多么瘦小无力,只要已经举行了成人礼,就被认可为一个成人,在社会中得到成人的待遇。因此,可以说人生礼俗也具有确认一个人在社会共同体中的地位的作用。

　　作为生活文化圈中长期形成的生活习惯的一种压缩形式,人生礼仪风俗会随语言和生活方式的变化而发生一定的变化。因此,每个国家的人生礼仪风俗都经历了一个发展变化的过程。

　　韩国从上古时代起就以血缘为中心居住生活。原始社会,这样具有血缘关系的团体是解决衣食住等问题的社会基本单位,个人无法脱离亲人而生存。家庭是由亲人构成的社会单位,随着社会由氏族社会向部落社会、农业社会、城市产业化社会发展,一些生活方式作为家庭的习惯固定下来,形成了家庭礼俗。

　　檀君神话描述了檀君出生前熊和老虎需要遵守的各种禁忌,包括祈祷、洞穴中的禁忌和熊女的婚姻仪式,檀君的出生可以说是祈子和出生的象征性表现。从三国时期的建国神话中也可以找到出生和成人仪式的原型,此外,《三国志》《东夷传》和《三国史记》中也有很多韩国礼俗的相关记录。

　　高丽末期以后,《朱子家礼》和性理学引入韩国,朝鲜王朝时期,朱子学成为社会主导思想的根基,朝鲜社会特别重视礼法,标榜礼治,将冠婚丧礼写进当时的法典——《经国大典》,以法律的形式固定下来。儒学家们还致力于礼书的编纂,整个朝鲜王朝时期编纂的礼书多达200多种,家家户户都有礼书。这些礼书以《朱子家礼》为标准,于是,《朱子家礼》中的儒教礼仪成为整个韩国社会的礼仪标准,直到今天,韩国的很多礼仪还保留了儒教的传统。

现代韩国社会正在快速地发展变化着,短发令颁布后,冠礼被成人仪式代替。1975年,政府颁布《家庭仪礼准则》。自此,有的家庭依旧遵循旧礼,而有的家庭则完全遵守《家庭仪礼准则》。同时,西方礼仪也不断涌入韩国社会,被很多年轻人所接受。

今天韩国的人生礼仪风俗大体上可分为诞生礼俗、成年礼俗、婚姻礼俗和丧葬祭祀礼俗。

第一节　诞生礼俗

诞生礼俗不仅仅指孕妇生产、幼儿出生时的礼俗,它包含怀孕前的祈子行为、孕期礼俗、生产及产后阶段的礼俗。

一、祈子礼俗

自古以来,韩国的家庭制度一直是封建家长制,只有男孩才能继承家业。推崇儒学的朝鲜王朝时期,这种思想更以男尊女卑的形式在民间固定下来,作为休妻标准的"七去之恶"中甚至出现了"无子"一条内容。这里的"无子"主要指没有儿子。所以,女人结婚后最大的任务便是生儿子,为婆家传宗接代。这种残酷的现实迫使很多妇人相信世间存在赐子的神灵,于是便有了祈子的风俗。祈子风俗大体可分为致诚祈子和咒术祈子两类。

致诚祈子指对某一对象竭诚祈祷,以求得子。祈祷的对象一般是名山、大川、岩石、大树、菩萨或弥勒佛,场所一般在山上、江边、寺庙或神堂,根据时间有三日祈祷、七日祈祷、百日祈祷及特定日祈祷等。

在山上进行的祈子祭祀叫做"山祭"。山祭的方法有很多种,祭祀的对象和祭品也形形色色。最常见的对象是巨石奇岩,首尔西大门区灵泉坡旁边的巨石是韩国最有代表性的祈子岩。祭祀时准备很多祭品,其中最重要的是一碗黎明打来的井水。祭祀期间,不但祈子的妇人,整个家庭都要遵守一定的禁忌,虔诚地摆放祭品,然后双手合十膜拜。

到寺庙或向佛祖进行的祈子一般是请寺中的僧侣代为祈福,这种祈福一般要持续百日之久。此外,还有人在家里进行致诚祈子:在家中找一处方位较好的角落整理干净,每天清晨呈上一碗黎明打来的井水和其他供品祭拜,祭拜的对象通常是七星神、灶王爷、送子娘娘等。也有人请巫女在家里或到山中做法事祈子。

咒术祈子是借助咒术的力量得到儿子,通常需要做一些特殊的行为或食用一些特殊的饮食,这些都是秘密进行的。其中最具特色的是吸收月亮的精气:妇女在阴历初十到十五之间,晚上仰望月亮同时大口吸气,相信代表阴气的月亮会产生宇宙间的阴气,吸收月亮的精气可以补充气血、受孕生子。

此外,人们还会偷取刚生下儿子的产妇的衣服或孩子刚生下来时穿的第一件襁褓。古时候的韩国,生下儿子的家庭会在门口挂一条禁绳,想生儿子的人家就会趁忙乱之际偷下这条禁绳,甚至还有人偷取多子妇人的卫生巾。

有人吃特殊的食物来进行咒术祈子,主要是吃某些珍稀植物的种子,这象征着可以得到珍贵的儿子。有些妇人亲手做海带汤送给刚生下儿子的母亲,以换取对方的海带和米,回家煮成海带汤自己食用。有时也给产妇送新衣服,换取对方生产时穿的衣服,据说这样就能生儿子了。

二、孕期礼俗

在韩国,孩子一出生就算一岁,所以从母亲怀孕起就要遵守很多的禁忌,开始对肚子中的孩子施行胎教。

基于对孩子性别的重视,出现了用某些征兆来预测孩子性别和吉凶的风俗,这其中最重要的就是胎梦。

胎梦可以预测怀孕与否、胎儿性别及将来的命运。胎梦一般都是孕妇做的,但有时孩子的父亲、祖父母、外祖父母、姑母等有血缘关系的人也会代替孕妇做胎梦。做胎梦的时间可能是受孕前后,也可能是生产前后。据说做胎梦的人会一生受到这个胎儿的影响,所以即使平时不太做梦或常记不清梦的人也会对自己做过的胎梦印象深刻。

韩国的古书有很多关于名人胎梦的记载。他们的胎梦都很特别,也都是很好的胎梦。胎梦中的吉兆主要有:梦境清晰、没有中断、在梦中感到幸福或满足、迟迟不消失、有一个开心的结尾等。韩国人认为,梦到颜色鲜艳的花朵或者水果代表胎儿是女孩,梦到树木、草丛或深色的水果就代表胎儿是男孩。梦到性情安静温顺的动物代表孩子会比较乖巧听话,梦到聪明灵活的动物就代表孩子会非常聪慧。如果梦到龙或鱼则代表孩子未来会有大的成就。

为了给将要出生的胎儿以好的影响,孕妇需要在思想行动等方面多加注意,遵守一系列规则和禁忌。

通常认为,孕妇在孕期要多看好的东西、欣赏优美的音乐、多听多说好话,不能诽谤他人、不能贪财、不能吃过期或腐烂的食物、不能对他人他事说长道短、不能蓬头垢面、不能跨过火堆、不能去丧家等不净的地方。

此外,人们还相信如果孕妇吃章鱼或鱿鱼胎儿会得软骨症,吃兔肉会使孩子长兔唇,吃鸭肉孩子会成连指等等。

不但孕妇,孩子的父亲也有禁忌,初一、十五和月底不能行房,打雷下雨、日蚀、月蚀时也禁止行房。

虽然现在科学还没有证明孕妇的行为真的会对胎儿产生直接的影响,但这些传统在今天的韩国仍然广泛流传并被奉行。

三、生产礼俗

古时候医学不发达,婴儿的出生率很低,于是,人们希望依靠超自然的力量保佑胎儿的健康,出现了诸多生产礼俗。

现在产妇生产一般在医院进行,而古时候尚不具备这样的条件。产妇阵痛时,常使用咒术来止痛安胎,主要包括给孕妇披上丈夫的衣服或者让其手握写有丈夫名字的纸条、摸一摸多产妇人或顺产妇人的肚子;让她含一口泉水或者吃煮熟的荞麦、高粱或拌有麻油的鸡蛋;移动或改变孕妇的位置等。

在古代,生产前会在生产的床上铺上稻草,供上三神(祈子并保护产妇和胎儿的神灵)以祈求顺产。三神的供桌上摆有黎明打来的井水、米和海带。待孩子生下来,用这些供品给产妇煮第一碗海带汤饭,煮好的汤饭也要先放在三神的供桌上供奉后再给产妇食用。

产婆剪断脐带后,会将胎盘用稻草或纸包起来,放在特定的位置。古时候,孩子刚生下来通常先用干净的布将其擦干净,三天后再洗澡。

产后头三天处理胎盘。古时候,王子的胎盘一般是装在胎壶里,选个风水好的地方埋起来,那些叫做"胎峰"的山峰都是埋过王子胎盘的地方。民间一般是将胎盘放在小坛子里,埋在土中或让它随水漂流,现在通常将胎盘烧掉。

孩子出生后也有特定的民俗,最具代表性的就是挂禁绳。禁绳一般挂在大门口,也有人家挂在产房或厨房前。禁绳是用草绳制作的绳子,生了儿子就在禁绳上绑红辣椒和木炭,生了女儿则挂上稻草、木炭、纸和松枝。这是因为新生儿的免疫力很差,人们担心进进出出的客人会将病菌传给新生儿,为满足外人的好奇心,在禁绳上挂不同的东西来宣告孩子的性别。挂上禁绳后,家人不能随便外出,特别是不能去办丧事的家中以防带回霉运。同样,家里有丧事的人也不能随便去挂有禁绳的人家拜访。通常禁绳要挂三七二十一天,产妇坐月子的时间也是二十一天,这段时间产妇要多吃海带汤饭。

四、产后礼俗

产后礼俗始于产后第三天,从这天起,产妇要用艾草泡的水洗澡,并给婴儿洗澡,家里人也开始出入产妇的房间。给婴儿洗澡要用温水,第一天由上向下洗,第二天由下向上洗,据说这样婴儿才能发育好。

孩子出生后的前三个周称为"三七",其中孩子生下来的第七天叫做"初七日",第十四天叫做"二七日",第二十一天叫做"三七日"。之所以以七天为周期,是因为数字7代表着吉祥。这段时间也是产妇坐月子的时间,在很多方面都要注意。

初七日要解开孩子的襁褓,让孩子的身体好好舒展一下,给孩子穿新衣服、换新襁褓,这一天也会是首次让外公见孩子的日子。凌晨给三神供上白米饭和海带汤,并给产妇做玉米琼团(韩国传统的糕)吃。用玉米做是因为玉米有很多颗粒,象征着人丁兴旺,而且,"玉米(옥수수)"一词中包含两个"寿(수)"字,象征着孩子长命百岁;二七日里再次换

新衣服,让孩子的手自由活动;三七日是产妇坐完月子的日子,取下禁绳,禁忌全部解除,亲朋好友可以带着礼物前来探访,家里准备玉米琼团和海带汤饭进行招待。由于三七内将产妇和婴儿与外人隔离,所以又将生产当日称为"分离仪礼"、三七日称为"统合仪礼"。初七日、二七日和三七日的凌晨都要给三神供白米饭和海带汤。

这段时期产妇禁吃的食物有鸡肉、狗肉、猪肉和丧家的食物等。家人和邻居,特别是去过丧家等不净之地的人,禁止出入产房。

三七之后为新生儿举行的第一个庆祝活动是"百日"。由于古时候医学不发达,新生儿的死亡率很高,特别是在出生百日内夭折的情况很多,所以人们认为只要孩子过了百日就算度过了危险期,意味着孩子能够安全健康地长大。这一天,家里设宴款待前来祝贺的亲朋好友,客人们带来象征长寿的线和新衣服等礼物。今天,新生儿的死亡率大大降低,百日的重要性也随之下降,很多家庭在这天不再待客,只象征性地给孩子拍照留念。

孩子的第一个生日很受重视,称为"初度日""晬日"。这天给孩子穿上漂亮的韩服,准备白雪糕或红豆糕,设宴款待亲朋好友。客人也会带很多礼物来祝贺,一般是带一枚金戒指作为礼物,以此祝福孩子前途美好。

初度日还有一项特殊的民俗活动,叫做"抓周",用来占卜孩子的未来:在桌上摆食物、钱、书、笔、墨、弓箭和线等,如果是女孩就把箭换成剪刀和针,孩子抓到线说明会长命百岁,抓到钱说明以后会是富翁,抓到书、笔或墨说明会成为文人或做官,抓到弓箭则说明会成为优秀的军人。

第二节　成年礼俗

成年礼标志着少男少女进入成年的人生礼俗,具有一定的社会意义。只有在举行过成年礼之后,人才能真正成为家庭和社会的一员,履行自己作为成年人的责任和义务,并享受成年人的权利。

在古代韩国,男子的成年礼叫做"冠礼",女子的成年礼叫做"笄礼"。冠礼是"四礼(冠、婚、丧、祭)"之一,由中国传入。古时候,冠礼甚至比婚礼更受重视,因为即便未婚,只要举行过冠礼仪式,就能够在社会上得到成人的待遇。韩国最早举行的冠礼是高丽光宗十六年为王子举行的"元服礼",之后上层社会也开始举办冠礼。朝鲜王朝时期,没有举行过冠礼的人甚至不能结婚或做官。

冠礼一般是在结婚之前 15 ~ 20 岁之间举行,要求冠礼者能够熟读《孝经》和《论语》并对基本礼仪有所了解,冠礼的时间要避开家中的丧期。15 ~ 20 岁刚好是人在精神和肉体上臻于成熟的时期,也就是所谓的青春期。在早婚(一般是 15 岁左右结婚)盛行的朝鲜王朝,冠礼通常在十二三岁时举行。最初的冠礼是单独举行的,但后来,冠礼和婚礼融合在一起,成为婚礼中的一道程序。

古代,冠礼一般选在阴历正月中的吉日举行,冠礼者要在冠礼三天前带酒和水果到祠堂祭拜,邀请有声望且熟知礼仪的人做"宾",并在冠礼举行的前一天晚上请宾住在自己家中。

男子举行冠礼时要请家族中的长者担任主礼人,仪式大体分为三个阶段:初加礼、再加礼和三加礼。初加礼上,主礼人替冠礼者梳理发髻、绑好网巾、戴上冠巾,脱下三襟衫,穿上深衣;再加礼上把先前的冠巾摘掉,戴上纱帽,将深衣换成早衫,系上皮带,穿上系鞋;三加礼上戴幞头,穿襕衫,最后穿上鞋子。三加礼结束后还有醮礼和宾字冠者礼。醮礼上长者教授冠礼者喝酒的礼节,宾字冠者礼上则给冠礼者取字(别名)。进行这些仪式时,程序条理,气氛严肃,主礼人在每个步骤都有特定的祝辞。

女子成人礼叫做"笄礼"。据《礼书》记载,笄礼仪式上将笄礼者的头发向上盘起,扎成发髻后插上发簪。和男子的冠礼一样,笄礼也有主礼人,通常由笄礼者的母亲担任,偶尔也有请别人当主礼人的情况,但非常少见。

冠礼和笄礼完成后要到祠堂祭告祖先。祭拜完祖先后,向参加自己成年礼的人行礼致敬,然后才算得到成人的认可。但在古时候,女子多半是结婚后才得以享受成人待遇。

1895 年韩国颁发短发令,此后男子不再盘发,冠礼也随之消失。不过,冠礼本来就只在上层社会中流行,一般平民百姓的冠礼包含在婚礼中。

1973 年,韩国观光文化部正式制定了标准成年礼,规定满 20 周岁后五月的第三个星期一为成年日,这天冠礼者穿上传统的冠礼服,邀请有名望的长者来担任主礼人,举行相见礼和三加礼,冠礼者在仪式中宣读事先准备好的成年宣言并在上面签名。宣读结束后行醮礼。成年礼结束后,冠礼者便在法律上具有了成年人资格,开始享受选举权等权利,同时也开始履行相应的责任,真正进入社会,成为社会的一员。

第三节　婚姻礼俗

　　人的一生要经历几个重要的仪式,婚姻仪式便是其中之一。婚姻仪式叫做"婚礼",是男女结为夫妇的人生礼仪,属"四礼"之一。婚礼意味着社会基本单位——家庭的形成,具有深刻的社会意义,自古就颇受人们的重视,被称为"大礼""人伦之大事"。在古代,婚姻还意味着传宗接代的开始,其最大意义在于能够使家族人丁兴旺,使本家族对祖先的祭祀能代代延续。因此,女人结婚之前不能享受成人待遇,而且,结婚前死去被视为对父母最大的不孝。

　　婚礼一词中的"婚"字最初是"昏"字。《白虎通》中有语云,"昏时成礼,故曰昏礼",也就是说古时婚礼在傍晚举行,所以称为"昏礼"。但也有学者认为"昏"在古语中指女婿,"姻"指妻子,"昏姻"是男女成礼的意思。

　　韩国的婚礼仪式经过了很多的变化。传统的婚礼有六礼和四礼两种。六礼源于中国的周朝,包括议婚、问名、纳吉、纳征、请期和亲迎;四礼则指《朱子家礼》中的议婚、纳采、纳币和亲迎。随着西方文化东渐,韩国人越来越多地吸收了西方风俗礼仪。韩国的现代婚礼一般是先在教堂中举行西式婚礼,之后再举行简单的传统婚礼。

一、传统婚俗

　　虽然古书上有六礼和四礼的记载,但实际的婚礼并不完全按照这些程序进行,各地区及各社会阶层的婚礼都多少有所不同。一般传统婚礼按照议婚、纳采、纳币、大礼、后礼的顺序进行。

议婚

现代意义上的相亲兴起于开化后,之前都是由双方父母商议结婚事宜,当事人双方直到结婚当晚才能见第一面。

男女到了适婚年龄就会拜托媒人去打听对方的意愿,商讨结婚事宜,这个过程叫做"议婚"。根据《四礼便览》,议婚指纳采之前的所有程序,具体地说,就是通过媒人商讨结婚的条件,包括家庭状况、容貌、品行、学识等,有时不仅了解当事人的祖父母辈和外祖父母辈,甚至还会了解曾祖父母辈和曾外祖父母辈的情况,以确认有没有家族遗传病等。

媒人在这个过程中起着至关重要的作用,婚事谈成后双方都会以语言和钱物对媒人表示感谢。媒人一般是擅长言辞的寡妇或无子无女的老妪,通常对两家都十分熟悉。有时媒人会收取一方的贿赂而隐瞒某些事实,使婚姻成功。所以,有的媒婆会因收取贿赂而成为富人,有时也会被受骗一方打死。但在古时候,即便受骗结婚,一旦成礼,人们就将这桩婚姻当成自己命中注定之事,不幸地度过一生。

纳采

纳采是指双方达成结婚意向后男方向女方请婚、女方许婚的过程,《朱子家礼》称之为"言定"。

通常多由男方提出结婚的意愿,由媒人转达到女方家庭。请婚时男方多以大雁作礼物,并请媒人转交四柱包。男方的婚主按照一定格式将写有当事人生辰年月日的白纸装进信封,信封正面写"四柱",背面写"谨封",用荆条把信封夹住,再用青色和红色的绸缎绑好,即为四柱包。送四柱意在让女方去配两人的"宫合"。宫合根据阴阳五行法判断,可以预示两人结婚后幸福与否。女方收到男方的四柱后,由媒人将男女双方的四柱送到专门人士那里,由专门人士根据天干地支及五行测算两人是否相配。如果双方八字不配,这桩婚事可能就不会成功;如果相配的话,就要开始相亲。古时候的相亲是由女方的父亲或哥哥跟随媒人去看男子,如果女方对男子满意的话会邀请男方相看自己的女儿,而男方则让男子的姑母或姐姐出面去看;光复后,相亲发展为由男方的母亲亲自去看女子,女方则是家人一起去看男子。如果双方家庭互相满意,男方就会将"请婚书"送给女方,女方收到后回复"许婚书"和"择日"。"择日"又称"涓吉",内写举行"奠雁"的日期和"纳币"的时间。择日很有讲究,不仅要选择能使两人幸福的吉日,还要选择举行大礼的吉时。整个过程中,双方来往的所有书信必须由双方父母签字署名。双方达成结婚意愿后,会选择一个朔望日去各家的祠堂把即将结婚的消息禀告祖先。

纳币

纳币是指议婚成功后男方向女方送聘礼的仪式,一般是将聘礼装在一个叫做"函"的黑色箱子里,所以纳币又称"送函"。

送函一般在结婚前一天晚上进行,送函人将装有"婚书纸"和"采缎"的"函"送给女方。婚书纸上写有男子的姓名及出生年月日,采缎则是用来给女子做新娘礼服的布料,一般用青色绸缎做上衣、红色绸缎做裙子。古时候的送函人一般是下人或身份低微的人,但由于并非每家都有下人,所以每个村庄都会有一个专门的送函人。随着时代的变迁,今天已经没有专门的送函人,通常由已婚、有子且家庭幸福美满的男性朋友来送。送函人将函用包袱包好,用白色麻布做背带背在身上,前面三四个朋友照明,一起去女方家送函。

女方家这晚会在小桌子上摆上白色蒸笼,等待送函人。送函人到达女家后,将函放在蒸笼上,由女方家里一位五福(寿、富、康宁、有好德、考终命)俱全的人打开并展示给所有在场的人。但是,送函人一般不会轻易把函放下来,这是想要多从女方家里讨些好处,于是就有了"卖函"风俗:送函人在出发之前先和女方取得联系,到达女方村子的入口处就开始大声叫喊:"卖函喽!卖函喽!"女方家听到叫卖声赶紧拿出准备好的钱和酒来招待,但有的送函人还是不会把函放下,而是让女方的人买更多的酒。今天,当男方的送函人来到女方家时,女方的朋友会出来将一个个包有钱的红包铺在家门口的路上,送函人一边走一边捡起这些红包,最后把函交到女方朋友手里,就算是卖掉了函。

大礼

婚礼中最重要的仪式是结婚当天举行的大礼,又称"亲迎"。大礼前,新郎要先到新娘家去迎娶,叫做"初行"。初行的时间根据男女两家的距离而定,如果距离很远就要大清早出发。有些时候纳币的时间会在结婚当天,所以初行的队伍中有新郎、"上客""送函人"和"后客"。"上客"一般是父亲或祖父,如果两位都已故去,则由伯父替代;"上客"后面是"送函人",再后面的两三位男方亲友叫做"后客"。女方的接待人叫"对盘"或"人接",他们的任务是将前来迎娶的队伍接到"停方"。"停方"是指在没有到新娘家时供迎娶队伍休息的走廊或房间。到达"停方"后,女方摆出小酒桌,准备酒菜请男方的人饱餐一顿,以慰辛劳。酒足饭饱之后,新郎换上纱帽冠带。等到了纳币时辰,送函人前往新娘家。纳币结束后,一行人来到新娘家前院,搭好帐篷,围上帐幕,中间准备一张大礼桌,称为"亲迎桌"或"交拜桌"。根据地区风俗不同,桌上摆放的东西略有出入,但通常都会有烛台、石头、树枝、花瓶、板栗、红枣、米、用布包起来的母鸡公鸡和两个匏瓜蒂等。

待亲朋好友全部入场,大礼正式开始。大礼大体上可以分为奠雁礼、交拜礼、合卺礼及晚上举行的合宫礼,其中交拜礼和合卺礼合称"醮礼"。顺序大致如下。

古代的新郎都是坐轿或骑马去新娘家,所以到新娘家后要先下马。现在一般省略该程序,或者象征性地踩一下麻布袋,因为韩语中轿子和麻布袋同音。新郎下马之后,由岳父引导进门。

新郎进入奠雁厅后开始进行奠雁礼,跟在新郎后面拿木雁的人将木雁交给新郎,此时,新郎面朝北方在奠雁桌前跪下,弯腰起身,行两次大礼。这时新娘的母亲把木雁快速掷向新娘的方向,如果木雁立着落下,意味着第一胎会生儿子,如果木雁躺着落下,意味着第一胎会是女儿。

奠雁厅结束之后是新人之间的交拜礼。新郎被带到举行大礼的交拜桌前,站在桌子的东边,面向南方,有人端脸盆过来给新郎洗手。此时,新娘身穿美丽的礼服,在左右搀扶下踏过地上铺的白布,到交拜桌的西边站好。接下来,新娘也洗手(通常只把手沾一下水),并面朝北方站立。新娘对新郎行两次大礼。新郎回敬新娘,行一次大礼。新娘对新郎再行两次大礼。新郎再回敬新娘,行一次大礼。到此,交拜礼结束。新郎新娘就原来位置坐下。新郎新娘坐下后喝交杯酒,第一杯和第二杯各自喝掉,第三杯交换杯子喝,这又称为"合欢礼"。

大礼完成后,新娘先进入设有屏风的房间,新郎随后进去,或者两人分别从不同的方向进去,之后新郎脱下纱帽冠带,换上新娘家准备的衣服,先在小餐桌吃一点东西,再和上客一起在大桌子上用餐。之后送新郎新娘入洞房。

新郎和新娘进入新房之后,新郎为新娘宽衣解带,替她脱下新娘帽和新娘礼服。这时,比较亲密的朋友会故意在窗外偷看,叫做"偷窥新房"。古时候的窗户都是用纸糊的,很容易就能戳破。

后礼

新郎和新娘在大礼后回婆家,叫做"于归"或"新行"。大礼当天回婆家叫做"当日于归",大礼三天后回婆家叫做"三日于归"。新娘离开娘家时,拿起锅盖再放下,如是三次。新行的队伍除新郎、新娘和初行时的男方人外,还有代表女方的上客、随母和挑夫。新郎骑马走在最前面,新娘坐在轿中。上客一般是新娘的父亲或祖父,随母一般是新娘的姨母或姑母。新行队伍来到婆家,婆家在大门前堆起稻草并点火,抬着新娘的轿子要跨过这堆火进门。另外,大门前还会撒上盐、红豆或棉花种子,这些都是为了防止不净的东西入门。轿子到达走廊时,新郎打开轿门,新娘走出花轿,进入指定的房间。新娘下轿后,新郎要把原本铺在轿子里的坐垫抛到屋顶之上,表示新娘已经到达。新娘进入指定房间后,垂首静坐,婆家人会先端入比较简单的饭菜,再以丰盛的宴席正式迎接新娘。

新娘第一次正式给婆家人问安叫做"币帛"或"姑舅礼"。这时,把新娘从娘家带来的红枣、板栗、酒、小菜、水果和鸡摆在桌上,依次向公婆和近亲行礼。行礼时公婆会将红枣撒到新娘的裙子上,祝福新娘早生贵子。从第二天开始,每天一大早新娘都要梳洗整齐,穿着美丽的传统韩服向公婆请安,一般要持续三天。

新娘到婆家的前三天禁止进厨房,这三天里,婆婆会带着新娘走访亲戚,让新娘认识并熟悉家里的亲属关系,由亲戚轮流招待新娘。到了第四天,新娘开始下厨。

新娘第一次回娘家见父母叫做"觐亲",也称"再行",后者是从新郎立场命名。此时,女方家里会将与女婿同龄的青年们请到家中并设宴款待,让他们互相认识,叫做"东床礼"。在娘家呆三天之后,新郎新娘回到婆家,新娘开始以媳妇的身份操持家务。

二、现代婚俗

随着韩国社会的现代化,韩国人的人生礼俗也不断发生着变化。传统婚礼的重点是将血缘不同的两个家庭结合在一起,而现代婚礼则主要是两个异性的结合,因此一定要找一个理想的对象结婚。可以说,传统婚姻是以家庭为中心的结合,而现代婚姻则是以当事人双方为中心的结合。较之传统的婚礼,现代婚礼已经大大简化,一般分为介绍、相亲、订婚和结婚。

介绍

选择和自己共度一生的伴侣是人生最重要的事情,所以需要十分慎重。相亲的介绍人一般是当事人认识的、值得信赖且交际广泛的人。当事人事先将自己的实情包括缺点原原本本地告诉介绍人,说明自己对对方的要求,以便于介绍到合适的人选。

从一般礼仪上讲,通常要将自己近期的照片给对方,最好是比较自然的生活照,并附上和家人一起照的全家福,但是,相亲之前详细地询问对方的家庭背景、身份、职业、性格等个人信息是不礼貌的。

相亲

相亲是双方家庭以平等的立场进行的,通常家长、介绍人会和当事人一起参加,但家长只是稍呆一会儿便主动离开,让当事人双方单独交流。单独交流时太过羞涩或太过开放都不好,言谈举止要大方得体。不能老是一方在问,应该寻找共同话题一起交流。

相亲满意以后,两人开始交往,这段交往是结婚的前提,但交往时间过长也是对介绍人的一种不礼貌,同时长时间交往后一方拒绝结婚也不符合礼仪。在交往的这段时间里,两人互相交流自己的想法、了解对方的性格并拜访对方的长辈。

如果双方及家庭都满意,一般由男方家先送请婚信给女方,送请婚信的同时附上家里的户口本也是一种礼节。

订婚

订婚是求婚与结婚之间的程序,通常经过双方家庭合议选一个吉日举行,在当今繁忙的现代社会,吉日的选择首先考虑参加人的时间。订婚的场所一般是在女方家里,如果情况不允许,会考虑交通情况,选一个彼此都方便的地点。订婚仪式带有明显的家族性,一般由双方父母、兄弟姐妹、介绍人和亲朋好友参加。在这天,男方会根据自己的家庭条件送给女方礼物。订婚仪式上还会商量婚礼的日期、地点、邀请对象、嫁妆、婚宴和新婚旅行等问题。

有些家庭会省略掉订婚这一程序,直接举行婚礼,但订婚作为家庭对婚事态度的表示,在婚礼之前举行是合理且有意义的。订婚基本上相当于传统婚礼中的纳采。

结婚

结婚的时间和地点一般在订婚时已经商议好,选择大家都方便参加的日子,最终决定权在女方。新式婚礼有在一般结婚仪式场地或礼堂举行、在教会举行的基督教式以及在寺庙举行的佛教式等。

婚礼通常按大礼、币帛、新婚旅行的顺序举行,由社会声望较高的人士担任主婚人。现代的韩国婚礼已经没有传统婚礼中那些复杂的程序,一般是在婚礼上宴请亲朋好友,接受大家的祝福,之后新人向双方家长行礼、向亲朋好友道谢,之后便开始蜜月旅行。

第四节　寿宴礼俗

韩国社会有根深蒂固的长幼尊卑思想,国民具有严格的年龄秩序意识。人们初次见面就会互相询问年龄,以决定使用敬语还是非敬语。在这样的社会背景下,敬老自不必言。

韩国对第一个生日进行隆重庆祝,但在之后的成长过程中——特别是二十、三十和四十几岁的生日基本上都不庆祝,人们甚至认为在这段时间内的某些特定年龄会有灾难,特别是二十九岁和三十九岁这两年十分凶险,这些灾通常称为"煞"(韩语中"煞"和固有词"岁"发音相同),如破财的"失物煞"、夫妻不和的"空房煞"以及突然死去的"急煞"等。通常认为,如果在二十九岁和三十九岁的生日得病,会非常危险,所以特别忌讳这两年的生日,不予庆祝。待到过了五十岁,生日才重新被纪念和庆祝。

从一般社会意义上讲,六十岁以上的人成为老人,受到全社会的尊重。六十岁以后的生日庆典叫做"寿宴礼",主要包括六十岁的回甲宴(还甲宴)、六十一岁的进甲宴和七十岁的古稀宴等。

一、回甲礼俗

回甲指六十周岁的生日。古时以干支纪年，六十年为一个周期，所以回甲又称"还甲""周甲"，也称"花甲""华甲"，意为华丽的、值得庆祝的生日。

庆祝回甲始于高丽末期。古时候，由于生产力、生活水平低下，医术不发达，人们的平均寿命很短。以朝鲜王朝为例，超过八十岁的王仅有一位，七十岁以上的也只有一位，六十岁以上的两位，王尚且如此，寻常百姓就更不用说了，因此，回甲十分值得庆贺。

回甲也是"三礼（回甲、丧礼、祭礼）"中唯一于对象在世时举行的礼仪，所以更加受到重视。这天，子女们亲手写下"寿比南山之高"等贺辞，精心准备回甲宴。回甲宴上会根据自家的经济水平准备丰盛佳肴，并在寿桌上摆各种各样的食物，每种食物都是堆得越多越好，以此象征着寿命的长久。子女们盛装打扮，在父母面前好好地彩衣娱亲一番。

如果寿星的父母尚且健在，回甲宴就称作"五色斑斓之庆"。寿星先要穿上漂亮的彩色韩服在寿桌之前歌舞，给父母献寿，逗父母开心，之后再接受子女献寿。如果寿星有兄弟，兄弟要同寿星夫妇坐在一起，共同接受小辈献寿。古时候献寿按照长子、次子、长女、次女的顺序进行，夫妻双双站好，一起给父母行礼，男人行两遍，女人行四遍。现在则不分男女，只按照出生的先后顺序行礼，儿女都行完礼后再共同行一次大礼。儿女礼毕，孙子、孙女、侄子、侄女等依次行礼。

古代的回甲宴还会邀请乐工和艺伎吹奏音乐、演唱劝酒歌，并会提前几天将寿宴诗的韵字告知亲朋好友，请他们作诗，回甲宴上大家吟诵各自所作之诗助兴，寿星将桌上的板栗和大枣分给子孙，祈祝子孙长寿。宴罢，家里人把寿宴诗收集起来，制作成"寿宴诗集"，代代流传。古时候，即使父母已经故去，儿女也会在回甲的这一天举行祭祀。

随着医疗技术的发达和膳食营养的均衡，人们的寿命越来越长，回甲也不再像以前那么重要，很多人把办回甲宴的费用拿出来捐给慈善团体，或者利用这笔钱由儿媳妇陪着父母出国旅游，即所谓的"孝道旅行"，这种方式在韩国日渐流行。

二、进甲礼俗

进甲指回甲的下一个生日，即六十一周岁生日。这天儿女们也会像回甲时一样准备好美酒佳肴，举办盛大的进甲宴，宴请亲朋好友，庆祝父母的长寿。由于平均寿命的延长，现在进甲也不再那么重要，人们只将其当作普通生日庆祝。

三、古稀礼俗

古稀指七十周岁的生日，又称"稀寿"，缘起于中国唐朝诗人杜甫"人生七十古来稀"的诗句。古时候很少有人能活到七十岁，所以比较重视回甲，现在则比较重视七十岁的古稀宴、七十七岁的喜寿宴和八十八岁的米寿宴，在这几个日子分别举行盛大的庆祝活动。

第五节　丧祭礼俗

祖先崇拜是东方文化区别于西方文化的一个重要特征。西方人通常将生和死分开来看，认为死亡便是生命活动的终止，而东方人则认为死亡并不意味着生命结束，只是灵魂离开肉体的表示，人死之后，灵魂仍旧存在。

作为东亚文化圈中的一员，韩国也秉奉体散魂存的意识。老人们将死亡看成生命的继续，死前和子女们一起商量遗产的处理、丧礼及祭祀的问题。这都源于祖先崇拜思想。

事实上，韩国人信奉的神很多，如天神、自然神、人神等人类制造出来的各种神。这些神都是抽象且概念性的，并非清晰的所谓"民族守护神"。与之相反，祖先神的概念在韩国人心中极其清晰和明确。在韩国，守护山的山神一般都是某个地区历史上的英雄或名人，其最初形象则是某个氏族或部落的开拓者，守护村庄的城隍堂里供奉的神一般是村庄的开拓者，守护家族的神则是这个家族的祖先。因此，可以说，祖先崇拜与开拓神崇拜具有相同的意义,从这个层面上讲,韩国的祖先崇拜超越了单纯的孝道思想,与韩国民族的固有信仰具有密切关系。

基于这种祖先崇拜和家庭守护神崇拜的思想,韩国人非常重视丧葬礼及祭祀礼。传统"四礼"中的冠礼和婚礼都已随时代发展发生了很大的变化,但丧礼和祭礼却基本保持了传统的面貌。

长辈去世后,子孙会举行程序复杂的丧礼和葬礼,制造牌位竭诚供奉,并按时进行祭祀,这被视为子孙的责任和自豪,会因此得到邻居的尊敬和羡慕。如果不这样做,就会被认为大逆不道,遭到周围人的唾弃和鄙视。

一、丧葬礼俗

丧葬礼是指近亲服丧期间的各种仪礼,包括埋葬尸体和建造坟墓等,又可以细化为丧礼和葬礼。从个人意义上讲,丧葬礼是将生和死区分开来的人生礼俗;从社会意义上讲,丧葬礼是在社会共同体中将生者与死者分开的一种分离仪礼。在韩国人眼中,死亡是灵魂离开肉体回到原来的地方,因此,韩语中"死"又称"回去"。死去的长辈会成为灵魂来保护子孙后代,所以韩国人认为在长辈死后也应像其在世时一样恭敬对待,因此特别重视丧葬礼。

对丧葬仪式影响最大的因素是宗教,各种宗教的丧葬都不一样。韩国的丧葬也有佛教式和基督教式,但最普遍的还是儒教式。

新罗和高丽时期,韩国实行佛教和儒教仪式混杂的丧葬礼俗。高丽末期,中国《朱子家礼》传入韩国;朝鲜王朝初期,韩国排佛崇儒,佛教仪式逐渐消失,丧葬礼俗变为纯粹的儒教式。由于《朱子家礼》中记载的主要是中国风俗,跟韩国国情有所不符,因而在当时的韩国引起过争论,也有韩国学者根据韩国实情对其进行了修改,其中最有名的就是李缙的《四礼便览》。随着时代的发展和社会风俗的变化,丧葬礼俗也发生了部分改变,但基本程序和形式依然跟中国相似。丧葬礼通常持续三天,具体程序如下。

第一天

第一天进行的仪式叫"初终",主要包括正寝、临终、招魂、使者桌、收尸、立主丧主妇、设护丧所、易服、置棺、发讣告、设灵座丧次等。

正寝是指把即将断气的人移到放置尸体的房间。由于男女有别,通常将男人移至正寝、女人移至内寝,现在一般都是放到个人的寝室。这时应使将断气之人平躺,头朝向东边,为其穿上新衣。

临终就是断气,又称"殒命"。长者临终时,子孙们都应守在身边,保持安静并改穿朴素的衣着,抓着病者的手直到他断气。父母临终时不能陪侍在侧被视为大不孝。如果父母有遗言,子女要在枕边倾听。最后,为了判断是否真的断气,通常会把脱脂棉放在病者嘴边。确定死亡后,子孙嚎啕大哭,外人听到哭声就知道该户人家遭遇丧事。从这时起,大门外要挂上写有"谨吊"的灯或者贴上写有"丧中""祭中"的白纸。

招魂又称"皋复",是将离开死者肉体的魂魄重新招回的仪式。据礼书载,招魂时,招魂人带着亡人的上衣登上屋顶,右手叉腰,左手抓着衣领向北方摇,如果死者为男性,就叫他的官职名或字号,如果死者为女性,就叫其名字。招魂结束后招魂人从屋顶上下来,将皋复的衣服放在尸体的胸口。假如死者曾担任过官职,使用官服或深衣作为皋复的衣服,否则使用深衣或道袍;如果死者为女性,用韩服上衣或裙子作皋服。现在招魂一般由非死者直系子孙的人进行,由这人在院子里用右手拿着亡人的内衫、眼看屋顶,向北方挥舞:先说出亡人的住所、姓名,然后挥三下。招魂风俗因地而异,有的先把内衫扔到屋顶上,再拿下来放在死者胸口。

招魂之后要准备"使者桌"或"使者饭",这在礼书当中并没有明确的规定,但大部分人家都会准备。使者是指阎罗王派来带走死者灵魂的小鬼。通常认为有三位使者,所以会准备三碗饭菜、三份钱和三双草鞋,放在草席上、盆子里或小供桌上,发引之后再撤掉。

接下来的程序叫"收尸",也就是处理并保管尸体。死者为男就由男人收,死者为女就由女人收。收尸最好在殒命一小时后进行,过早或过晚都不好。要让死者眼睛闭好呈安睡状、头挺直、头朝南、脚掌贴墙、膝盖伸展开并用绷带或白纸绑好,用棉堵住耳朵,用纱布将鼻子和嘴部盖住,最后将整个尸体用被子盖好。之后用屏风或帐幕将尸体遮住,前面摆上香案,点上香,香周围摆烛台,点上烛火。房间打扫干净,且随时都要有人守护。

尸体整理好之后要立主丧、主妇,主丧负责处理丧期的外部事物,主妇负责处理丧期的内部事务,主丧和主妇从近亲中选。如果死者为女性且丈夫健在,由其丈夫作主丧,长媳作主妇;如果死者为男性且妻子健在,由长子作主丧,妻子作主妇;如果是父母的丧事,由长子作主丧,长媳作主妇,如果长媳不在,由长孙媳作主妇,叫做"承重";如果死者无长子或长媳而父母健在,由父母作主丧主妇。娘家人不能作主丧或主妇。如果有很多远近相同的亲属,就由最年长的夫妇担当。

主丧主妇一般与死者关系密切,通常由于过分伤心而不能直接主持丧事,所以会临时设立一个代替主丧主妇办理丧事的组织,叫做"护丧所"。护丧所一般设置在来客和主丧都方便的地方,由护丧、司书、司货、执礼、执事、案内和杂役组成。护丧代替主丧负责整个丧事,通常由熟知丧葬礼仪的非近亲担任,其他人员都听从护丧的安排;司书主要负责制作丧家的各种文书,通常由主丧的朋友或不用穿丧服的亲戚担任;司货也是由主丧的朋友或不用穿丧服的亲戚担任,主要负责管理财物;执礼是整个程序的主持者,负责读写丧礼中的各种祝文,由熟知礼仪的人担任;执事由懂礼仪的亲戚担任,主要辅助执礼;案内由年轻人担任,负责引导和接待客人;杂役负责丧事中的各种杂活。护丧所中会准备吊客录(或吊慰录)、赙仪录、金钱出纳账、物品受拂簿和祝缀等册子,其中吊客录(或吊慰录)用来登记前来吊唁的客人的姓名,如果死者是男性,客人会拜死者并慰问主丧,这时准备吊客录;如果死者为女性,客人就只是慰问主妇,此时准备吊慰录。赙仪用来记录客人所送钱物的数量。金钱出纳账和物品受拂簿分别用来记录金钱和物品出入。祝缀用来写丧礼中的祝文。

易服指参加丧礼的人要换上端庄的衣服,不能化妆,不佩戴任何首饰。古礼中有"易服不食"之说,指死者的直系子孙在丧礼的三日内不进食,现在一般只是不喝酒、不吃鱼肉。此外,直系子孙穿丧服也有一定的讲究:男性在父亲的丧礼上不能卷起左手的袖子,母亲的丧礼上不能卷起右手的袖子;主丧、主妇、儿子、儿媳及女儿在丧礼中不能穿袜子、不能垫垫子;所有近亲一律不准化妆或剃须。

易服后开始准备祭品和棺材,有的人家会事先准备好棺材,但大多数人家还是在办丧事的时候才开始购置。制作棺材的材料大都是油杉木或松木,棺材的结构分为天板、地板、四方板,板的厚度约为三寸。此外还要制作表明死者身份的"铭旌",又称"吊旗"。铭旌用红色丝绸做成,上面写清死者的籍贯、职位和姓名,旗杆使用竹子,做好的铭旌立在灵座前面。

讣告是向死者亲族发送的噩耗,以护丧的名义来写。古时候只在讣告上写明死者死亡的时间,通常雇佣仆人或村民代为传达。现在一般使用信件,也有人家用报纸或广告,讣告中会写清发引的时间地点及葬地,以主丧、主妇及近亲的名义一起写。古时候,收到讣告的人不会将讣告带回家里,通常插在门缝中或围墙飞檐的下面。

灵座是客人拜死者的地方,丧次则是参加丧事的人停留的地方,两者通常设在一起。古礼中,敛袭之后才设灵座和丧次,而现在,因为敛袭之前就会接受问丧,所以很早就设好灵座和丧次。灵座和丧次一般设在安放尸体的房间或其附近,而且分男女设两处。丧次通常比较简陋,只铺上草席。这是因为,在儒家思想根深蒂固的韩国,人们认为长辈死亡是子孙尽孝不够的缘故,发丧时子孙作为罪人应被扔到野地(草席)上。

收到讣告的亲朋好友前来问丧时,丧家会将其名字记录在吊客录(或吊慰录)上,以便日后可以知道谁曾经来吊唁。亲近的人或感情不错的亲朋好友都有问丧的义务,特别是对曾参加过自己家丧事的人要礼尚往来。古时候,成服礼之前不接待吊客,现在则从第一天起就予以接待。

古时候,根据死者性别不同,吊丧的方式也不一样:如果死者为男性,吊客直接到灵座前向死者行礼,叫做“吊丧”;如果死者为女性,吊客们不直接向死者行礼,只慰问家属,叫做“问丧”;此外,成服礼之前一般只慰问护丧所。现代的丧礼没有了这些区别,将吊丧和问丧合称为“吊问”。吊问也有一定的程序:吊客们先到护丧所,将名字和住址登记在吊客录(或吊慰录)上,护丧所的案内会将吊客领到灵座前,除主妇主丧之外,丧家所有的人都站起来,吊客到香案前点一根或三根香,如果灵座是立式,就鞠一次九十度躬,如果灵座是坐式,就坐下行两次传统大礼,如果死者是小辈,则无需行礼。吊客带来的酒和水果放在灵座前的祭桌上,叫做“荐物”;如果带来的是祭文,就在焚香后亲自诵读。之后,吊客稍稍后退,面向丧家站立,丧家先向吊客行礼,然后吊客回礼,并说些“节哀顺变”之类的话安慰丧家。最后,案内引导吊客回到护丧所,吊客拿出准备的“赙仪(根据自己家庭经济情况准备的钱或物,用以帮助丧家)”,由护丧所记录下数目。古时候,吊客一般都熬红豆粥带给丧家,表示对亡人的悼念。

此外,丧家还要在路上设一定的路标,让前来问丧的客人容易找到;每天早晚在尸体旁摆供桌,叫做“设奠”。设奠时米饭、粥和小菜等容易馊的食物要及时撤下,水果和酒则一直放到下一次吃饭时间换掉。

按照规定,丧家应该穿着孝服,按古礼是要穿上麻布衣,头戴麻布做的三角孝巾,束以粗麻绳以防掉落,腰间也用粗麻绳捆绑起来,手挂竹杖,脚穿草鞋。近来由于礼仪简化,只戴苎麻臂章。孝服的穿着跟死者的亲疏程度有关,直系亲属必须穿正式的丧服,远一点的亲属只戴孝巾即可。

第二天

第二天主要是给死者沐浴更衣,用被子将死者包好放入棺中。古礼中这些都在第一天,但现在由于医学的发达,死者在停止呼吸二十四小时内还有生还的可能,因此这些程序改在第二天进行。现代丧葬第二天的程序主要包括沐浴、袭、饭含、小殓、大殓、入棺、成服、治葬等。

给死者沐浴是非常严肃的事情,如果死者为男性就由男性近亲进行,如果死者是女性就由女性近亲进行。为防止人看到冰冷的尸体而受惊吓,除行沐浴礼的人,其他人都在外面等候。给死者沐浴时,要准备20升用艾草煮过的温水和10升淘米水、三到五个洗脸盆、干湿毛巾各两条、一把梳子、两把剪刀或刀子、长两米宽一米的塑料布,如果死者是女性,还要准备少量的化妆品。摆放好这些沐浴用品后,抬起尸体的头部、腰部和腿的两侧,将其转移到塑料布上,解开头部的被子,拿掉纱布,用淘米水洗头,洗完用干毛巾擦干,再用梳子梳理好。此时掉落的头发要装入专门的口袋,如果死者平时掉落的头发也保存着,此时也一起放进去。之后,将死者的衣服从上到下脱下来,如果脱不下就用刀或剪刀割开,刀、剪刀和毛巾等工具不能超过尸体的上方,所以都要准备两份。脱掉死者的衣服后,将尸体的正面用毛巾沾着艾草水从上到下擦洗干净,用干毛巾擦干,之后左右掀起尸体,将后面也同样洗净擦干。如果死者是女性,可以稍微化一下妆。之后用被子把死者的脸盖住,将沐浴用品和脱下来的衣服埋起来或带去墓地烧掉。

袭就是给死者穿上寿衣。与沐浴相同,如果死者为男,由男性近亲进行;如果死者为女,由女性近亲进行。上衣包括内衣、道袍和阔衣,下衣包括内裤、外裤或裙。先将上衣和下衣按照里外顺序套在一起,小心地抬起死者的头部、腰部和腿的两侧,放在展开的衣服上,从左右侧抬起死者的腰和腿,解开被子,把衣服穿上。上衣和下衣对齐的方法与活人相反,先对齐左边再对齐右边。衣服飘带和腰带要系在一起,所有需要打结的地方都打成死结。此外,还要剪下死者的手指甲和脚趾甲,放在剩下的四个口袋里。最后给死者穿上鞋,将其双手绑在一起,用干净的被子将尸体盖好。

饭含是往死者嘴里放入去阴间时需要的食物和钱财。进行这一仪式时,所有近亲按照一定顺序跪在尸体旁边,主妇端着装有饭含准备物的盘子,从死者脚边绕一圈来到主丧的右边跪下,不担任主丧的一个儿子抬起死者的头,不担任主妇的一个儿媳抽出死者头下的枕头,将死者的头放到地上。主丧将死者头上的被子掀开,用勺子按右、左、中的先后顺序在死者嘴里放入三勺米、珍珠和硬币。将剩余的准备物收拾好后,主妇回到原位,这时再次抬起死者的头,将枕头放回死者头下,之后重新用被子将尸体盖好,除主丧和主妇之外,其他人出去,由主丧用棉花堵住死者的耳朵,盖住死者的脸,给死者包上头巾,并用绳绑住,最后把死者用被子捆好。

小殓是指用小被子包裹尸体并用束布绑起来。这里的小被子宽度只要能包裹住尸体便可,长度一般是死者身高的两倍;束布分横向和竖向,一般先把横向的束布铺在地上,再铺上竖向的束布,最后将小被子铺在放好的束布上面。都铺好之后,小心地将尸体抬到小被子上,注意把尸体的衣服弄整齐并给其枕上枕头,穿寿衣时准备好分别装有头发、指甲的五个口袋相应地放在头和手脚边,并在下颌下方、肩膀上方、胳膊和身体之间、两腿之间等地方用旧衣服、纸或棉花等塞住空隙,以防止尸体受伤。系束带时,所有的结都要系成死结。

大殓是指用大被子包裹尸体再用束布捆绑。大被子的大小、束布的长度及程序都和小殓一样。为了方便,袭和小殓、大殓一起进行,袭和饭含结束后直接就地将尸体包裹并绑起来。

小殓、大殓都进行完之后,要将尸体放入棺材,叫做"入棺"。入棺时,先在棺材底部铺上白纸,尸体头部下放枕头,并在棺材内的缝隙处塞上白纸、旧衣服、棉花等。丧家所有人都痛哭着看尸体入棺。入棺后盖上棺盖,用木锥等将棺盖固定住。然后,用结实的绳子从上中下将棺材绑好并作成可以提的带子。最后将棺材安放在房间的东边,让尸体的头部朝向北方,并在棺材前安置屏风或帐子,屏风东面插上铭旌,重设灵座,灵座前摆上黑框的遗照。

接下来制作魂帛。魂帛是代替牌位暂时放在灵前的神位,象征死者的灵魂,通常用一尺二的白色绸子或苎麻布做成。做成之后还要用白纸做一个箱子,将招魂时用的死者的衣服用白纸包起来,放在箱子里面,把魂帛放在这件衣服的上面,盖上箱盖,箱上铺白纸,上面和前面分别写上"上"字和"前"字,中间做一个把手,最后将箱子敞着盖放在灵座前。

成服是指除主丧和主妇之外所有丧家的人都穿上丧服的程序。古礼中一般在大殓的次日成服,现在则是入棺之后立刻成服。主丧主妇以外的人到另外一个房间换穿丧服,将本来散着的头发扎起,本来赤着的脚也要穿上袜子或鞋子。如果穿韩服,要将之前卷起的一侧袖子放下来。换穿丧服后,亲人之间互相安慰,叫做"成服礼"。古礼中小辈按照顺序依次慰问长辈,现在则是男女之间互相慰问。现代成服礼也有一定的程序:执礼在灵座前的祭桌上摆上酒、水果和酱等,男人们在灵座的东边面西而立,女人们则在灵座的西边面东而立,主丧和主妇分别站在离灵座最近的地方;执礼焚香酹酒,女人们屈膝下跪,长辈在北面朝南站,小辈们在南面朝北站并行大礼,男人向西边的女人行两次礼,女人向东边的男人行四次礼。

古礼中,丧服的穿着很有讲究,根据与死者关系的远近,丧服款式和材质都不一样,穿丧服的时间也不一样。而现在的韩国已经不存在这些古礼中的丧服制度,丧礼上人们只穿白色、黑色的韩服或黑色西装,在左胸处戴丧章或白花。

第三天

丧葬第三天的程序主要是治葬和丧中祭祀,丧中祭祀将放到祭祀一节中详细介绍,本节主要介绍治葬。治葬是指选择墓地并埋葬死者的程序,其仪式叫做"葬礼"。治葬的主要程序为:发引、运柩、下棺、成坟。

在古礼中,治葬时间由死者的社会地位、子孙多寡及财力等决定,越是高官出殡越晚。出殡的时间可能是死后一个月、三个月,也有可能是死后三天、五天、七天或九天,而现在韩国社会都是在死亡三天后治葬。墓地的规模也是如此,身份越高的人墓地越大,一品官的墓地周长不能超过135米,七品官以下官员的墓地周长不能超过45米。现在的韩国宪法规定墓地不准超过6平方米。韩国相信风水之说,认为祖先葬在风水好的地方会给子孙后代带来福气,所以选择墓地前常会请风水师相看。

此外,选择墓地前还要向管理该土地的土地神祭祀。祭祀一般由不用穿丧服的人进行,祭桌上要准备酒、水果和果脯等,地点在墓地的东北角,向南进行祭拜。由于土地神是在地下的神,所以不上香,只酹酒。

发引就是灵柩离开家的程序。发引前摆上简单的祭品在家中进行的最后一次祭祀,叫做"发引祭"。

运柩是指在发引祭后将灵柩运到墓地的过程。古时没有灵车,只能使用丧舆(人死后用来运送灵柩的传统丧礼用具),且丧舆必须由人来扛抬。丧舆前面有一位负责摇铃的人,手持摇铃边摇边唱表达人生虚无的凄凉挽歌,后面抬丧舆的人接上去反复哼唱。治葬队伍按照铭旌、云挿、腰舆、挽幛(写有赞誉死者和表达悲伤内容文章的旗)、丧舆、丧主、吊问客的顺序排成一列向墓地行进。经过死者的相识或亲戚家时,队伍会停留一下进行路祭,路祭由这位相识进行。

丧舆用纸花装饰得华丽七彩,最上面用布铺盖,任其随风摇摆。抬丧舆的多是村子里加入"为亲契"的青年。所谓"为亲契"就是有侍奉父母义务的人(一般为长子)组织的互助会,如果一个会员家中有红白事,其他会员就去帮忙;如果某个会员的父母去世,其他会员就会前去帮忙抬丧舆。

棺材要停放在墓地的南边,用铭旌搭盖。下棺前要先掘坟,且要在适当的时机下棺。往棺材上覆盖泥土时不能让水渗进去,所以必须坚固扎实地"成坟",坟的高度大概是地上一公尺左右,圆形,这个过程中会唱"打夯歌",然后在坟周围种植草皮和树木。

封好坟后在坟墓前方安置一个四方平整的石台,作为以后祭祀时放祭品的石桌。同时在坟墓前方左右两侧树立石碑,分别称作"望柱石"和"道神碑"。道神碑用来记录死者生前的重要事迹。树碑需要一笔可观的经费,但是子孙通常作为一种义务认真履行。

神道碑上记录的文章叫做"金石文",对历史和谱学(世系学)研究有重要的意义。治葬结束后,治葬队伍沿来时的路线返家,并制作"神主牌(即死者牌位)"放在"灵座"上,灵座前铺白布,上面摆上香和蜡烛,一些没能前来参加葬礼的吊客可以来此凭吊。

随着时代和社会的发展,埋葬死者出现了多种多样的形式,如将尸体埋在大树旁、火化后将骨灰撒到大海中等。

二、祭祀礼俗

在东方,祭祀的历史非常久远,可以追溯到原始社会。那时,人们敬畏天、地、日、月、山川、星辰等自然事物,认为它们具有的神秘力量主导着宇宙,定时对这些神进行祭祀。后来,随着伦理道德观念及祖先崇拜思想的盛行,开始出现了对祖先的祭祀。

韩国人认为死亡意味着灵魂从肉体离开,死去长辈的灵魂会保护子孙后代,所以,恭敬对待祖先灵魂才是真正的尽孝。韩国特别重视对已故祖先的祭祀,祭祀有严格的程序和仪式。高丽中期以后朱子家礼传入韩国,儒教式的祭祀礼仪得到普及。朝鲜王朝时期,国家斥佛崇儒,儒家思想渗透到政治、文化、社会等各个方面,支配着整个韩国社会,儒教式的祭祀礼仪得到进一步确立和巩固。

朝鲜王朝初期,对祖先的祭祀不分男女,也没有身份的差别,儿子、儿媳、女儿、女婿甚至外孙都可以做主祭。当时有所谓“轮回祭祀”,即祭祀在儿女间轮流进行。然而到了朝鲜王朝后期,祭祀出现了身份差别,只有长子和长媳才能主持,女儿女婿不再参加祭祀。

韩国的祭祀有很多种,根据时间不同,在葬礼中举行丧中祭祀,忌日举行忌日祭祀,逢年过节有祭祀四代以内祖先的茶礼和祭祀五代以上祖先的时祭。现代的韩国社会,祭祀仍旧由长子长孙主持,准备工作则主要由儿媳和孙媳负责。

1. 丧中祭祀

丧中祭祀是服丧期间对死者进行的祭祀。古礼中穿丧服的时间为三年,这三年内的祭祀有虞祭、卒哭祭、祔祭、小祥、大祥、禫祭和吉祭,这些祭祀的仪式和程序基本一样,按顺序分别为焚香、降神、进馔、初献、读祝、亚献、终献、侑食、阖门、启门、辞神。

虞祭是从埋葬死者第一天起开始的慰藉死者魂帛的仪式,共进行三次,埋葬死者当天进行初虞祭,参加的所有人都要沐浴,仪式结束后将魂帛埋到地下。初虞祭后第一个柔日(乙、丁、己、辛、癸日)举行再虞祭,再虞祭后第一个刚日(甲、丙、戊、庚、壬日)举行三虞祭,再虞祭和三虞祭的程序都和初虞祭一样。

卒哭祭在三虞祭结束后三个月内的刚日举行,丧礼中的哭是“无时哭”,即随时都要哭,卒哭祭后便只在早晚哭。

祔祭是将死者的牌位放到祠堂中时举行的祭祀,一般在卒哭祭次日举行。如果死者是男性,将牌位放在祖父牌位前,如果死者是女性,将牌位放在祖婆婆牌位前。

小祥是死后一年举行的祭祀,又称"练祭""练祥""周年祭"。如果死者是女性且丈夫健在,死去十个月后举行小祥,一般选择下旬的丁日或亥日。

大祥又称"二周祭",是死后两周年进行的祭祀。从这天起,死者家属脱去丧服,改穿素服,因此又叫"脱丧祭"。如果死者为女性且丈夫健在,死后一年举行大祥。

禫祭在大祥两个月后的下旬丁日或亥日举行,如果死者为女性且丈夫健在,在死后 15 个月举行。从这天起,家属脱去素服,开始穿平时穿的衣服,因此又称"除服祭"。

吉祭在禫祭次月的丁日或亥日举行,但是,如果禫祭在 2 月、5 月、8 月或 11 月,吉祭也必须在当月举行。如果死者为长子或长孙,要在这天修改祠堂中死者长辈的牌位。

随着社会的发展,现在穿丧服的人越来越少,守丧时间也缩短为三个月,这些复杂的丧中祭祀礼仪正在逐渐消失。

2. 忌日祭祀

人死后前三年,每逢忌日,其家属和亲戚必须聚集在长孙家里举行忌日祭祀。忌日的前一天,参加祭祀的人进行沐浴,长孙在家中布置祠堂并准备好死者的牌位——通常长孙家的祠堂摆放五代以内的祖先牌位,但这天只摆放这一位祖先的牌位,称为"单设"。有些家庭也会进行"合设",即如果这位祖先的配偶也已经故去,就将两人的牌位一起摆出来。如果没有牌位,就用白纸写成的"纸榜"代替。

祭祀由长孙媳提前准备好,祭品一般包括米饭、各种糕、鱼汤、酒酿、蔬菜、水果、肉类、点心、酒水以及死者生前喜欢吃的食物。

古时候的忌日祭祀在午夜子时后进行,现在由于赶早上班,改在晚上九点左右举行。白天,长孙媳准备祭品并把家里家外打扫干净,晚饭后整个家族的人聚到长孙家里,换上韩服,给小孩子讲述死者生前的事迹,借此教育孩子、缅怀祖先。

忌日祭祀的程序依次为:神位奉安、参神、初献、读祝、亚献、终献、侑食、献茶、撤匙、辞神、撤桌、饮福。

神位奉安是将祖先请到祭祀的厅堂,也就是摆出祭桌并设上供品、香烛和死者牌位,一切就绪后开始参神。参神由主祭第一个进行,举起酒杯敬三次,接下来家属依次参拜。参神结束后进行初献,主祭敬第一杯酒,焚香再拜。初献后读祝,所有参与祭祀的人都要跪在地上,读完祝文后再拜。之后是亚献,由主祭之外的第二位亲近者敬酒。接下来的终献则由按亲疏关系排出的第三人敬酒。侑食是指祖先享用祭品,所有参与祭祀的人跪在地上,静候三四分钟。然后,祭桌上的汤碗换成茶杯,人们全体跪地,叫做"献茶"。献茶后将祭桌上的汤匙和筷子放在原位,盖上饭碗,叫做"撤匙"。撤匙之后要将死者的灵魂送回,参与祭祀的所有人一起祭拜,烧纸钱,读祝文,并把祭品依次撤下。最后的程序叫"饮福",参加祭祀的人简单地食用祭品,据说这样会有福气。

女人不能参加祭祀,只在厨房准备祭品并在祭祀结束后收拾厨房。

3. 茶礼

古时候,每月阴历初一、十五及主要节日都会对四代祖先进行祭祀,叫做"茶礼",保留至今的有正月初一的正朝茶礼和八月十五的中秋茶礼。

古时候的正朝茶礼又称"夜中祭祀"。除夕夜,宗家在祠堂摆上祭品、年糕汤和四代祖先的牌位,进行祭祀,次日即大年初一的一早,其他全体子孙进行祭拜。没有祠堂的家庭通常在大厅举行。现在多是一家人聚集在长子家,由长子代表整个家族祭拜。

中秋茶礼是中秋对四代祖先进行的祭拜,其祭品与正朝茶礼不同:正朝茶礼一定要有年糕汤,而中秋茶礼则换成松饼和新鲜水果、酒、蔬菜、粥等。祭祀时长子摆好祭品并进行初献,之后次子亚献,最后由三子终献。

4. 时祭

时祭又称"节祭""时祀""时享""墓祭",指每个季节的仲月——2月、5月、8月、10月的丁日或亥日在墓地举行的祭祀,现在通常只在2月和10月举行。祠堂里祭祀的是四代以内的祖先,而时祭祭祀的是五代以上的祖先。

时祭时家里的子孙全部到齐,一般由有司或墓园管理者准备祭品,经费一般由墓园管理者支付。墓园管理者平时收取田畓以管理坟墓并准备时祭,有司由家族里的男人轮流担任。时祭时子孙来的越多,说明人丁越兴旺,家族越繁盛。时祭的程序和一般的祭祀差不多,祭祀结束后一般祭山神,再把祭品放在用稻草做成的铫子里分发给不参与祭祀的人。如果因雨雪不能在山中祭祀,就改在祭阁中进行。

第六章 信仰民俗

韩国是一个传统宗教与新兴宗教并存的多宗教国家。这种多宗教信仰的形成与发展同韩国的自然风俗、历史环境、社会生产方式及政治制度等有着密切的关系,并受到中国等邻国宗教文化的影响。韩国的宗教节日中既有纪念檀君王俭的开天节和纪念释迦牟尼的浴佛节,也有纪念耶稣基督的圣诞节和纪念儒家始祖的祭孔仪式。韩国的宗教经历了原始巫教的产生、儒佛道三教的传入、基督教与传统宗教的冲撞、新兴民族宗教的崛起等发展阶段。光复以后,韩国的佛教、儒教、基督教和各民族宗教又经历了一段曲折发展的过程。儒教的重建与整顿、佛教的"净化"与复兴、天主教的"刷新"与和解、基督教新教的纷争与联合、民族宗教的分立与自我反思等说明各种宗教团体都为自己的生存和发展进行了改革,努力调节内部关系,力求适应现代工业社会的种种变化。

第一节 巫俗信仰

带有神秘色彩的巫俗活动在韩国十分普遍,巫教是韩国文化的核心,也是韩国文明价值体系与世界观的建构者,曾在韩国历史上扮演重要的角色。韩国巫俗是古代宗教的遗存,在现代文明社会仍是民间信仰的主体,有着特殊的重要地位。

一、巫教的历史

朝鲜民族的宗教信仰始于对自然的崇拜。原始时代,人们惊叹于大自然的神妙,认为动物、怪岩、奇树等宇宙万物无不存有精灵。这些精灵能左右人类的祸福,为避免祸害,安居乐业,就要用多种供物和牺牲举行祭祀,这种万物有灵论就是韩国神教信仰的起源。神教崇拜自然物,崇信主管特定事情的神,并祭祀祖先的灵魂。利用法术协助人们祭拜求神的人,就是巫,也叫"神人""仙人""巫师""巫婆""萨满"等。

巫是天神和人之间的桥梁,将天神的旨意启示于人,把人的愿望上奏天神,并负责许多赐福与消灾的工作。在部族社会里,由最贤明、最德高望重的人担任巫,巫至少要懂天文、地理、医术等。巫师是咒师,也是医师、预言家,他们在某个灵山之下建神祠,居住在此,负责招福禳灾之神事,修行长生不老之道,所以也被称为"仙人"或"神人"。他们居住的区域被称作"神域"。上古时代的氏族社会是一个血缘团体,由同祖团体中最贤明的长老作为最高祭主、座首,主管祭祀和政治,最高祭主既是咒师,又是人君。后来,随着社会的发展和政治的复杂化,出现了强大的部族国家,政治权力压倒宗教,就产生了政教分离的现象,此后,巫师只负责神事,政事则由人君负责。

巫俗既属于宗教信仰,也是社会习俗的一环,在历史上曾发挥重大的影响力。

就现存史料而言,最早言及巫教的可靠文献是十二世纪高丽相国李奎报的长诗《老巫篇》。该诗中,李奎报站在儒学者的立场,详细记录了东邻老巫跳舞降神的过程。作者虽然旨在批判巫的妖言惑众,但客观上却为高丽时代的巫教作出了历史的见证。学术界普遍将《三国遗事》中的《檀君神话》看作朝鲜半岛巫传说的核心,如果"檀君"是巫的"鼻祖",则巫俗的历史可以追溯到古朝鲜,甚至更早。

三国文献中频频出现关于巫俗的描述。从一些文献资料中描述的祭天地的习俗可以看出,当时祭祀的规模十分庞大。但随着中原文明的发展,三国不自觉地接受了较为先进的中原文化,公元372年,高句丽最先引进佛教,佛教在朝鲜半岛传播开来。佛教的传入对土著信仰巫术是一次很大的冲击,但是人们头脑中根深蒂固的土著信仰并未受到动摇,出现了佛巫共同发展的局面。

　　高丽末期,程朱理学在朝鲜半岛有了很大发展。儒学家为扫除儒学发展道路上的障碍,使儒学思想得以广泛传播和迅速发展,极力反对惑世愚民的巫教。然而,儒家思想的发展并未从根本上消除巫事活动,即使在宫中,巫事活动依然存在,甚至还增设了活动场所。宫内在设置东西活人院、活人署①的同时,还沿袭了高丽的星宿厅,置巫、觋于其内,允许他们用巫术治病。

　　到了朝鲜王朝时期,巫的地位明显下降,巫俗本身也明显没落。朝鲜政府封儒教为国教,儒教以外的所有信仰和学说都受到了沉重打击,巫开始缴纳巫业税和神税布,巫事被列为"贱民"②行为,退出宫廷,流落民间。

　　十九世纪中叶,西方文化传入,给朝鲜半岛带来了现代文明和科学思想。这对巫事更是前所未有的打击。基督传教士在朝鲜半岛各地传播基督教,是巫事走向衰落的一个重要原因。但是,由于民乱四起,各种势力对立,外来者入侵,百姓惶惶不可终日,巫师家依然门庭若市。

　　二战后,朝鲜战争爆发,巫俗活动再度中断。朝鲜半岛光复之后,随着基督教在韩国的广泛传播,巫俗被视为不合理的、似是而非的宗教。于是,巫俗渐渐世俗化。近些年来,以大学为中心,韩国展开了一连串传统文化运动、寻根之旅,而巫俗则被视为值得研究的传统宗教与文化,于是学者们逐渐展开对巫俗信仰的研究,因此在大学中也偶尔能够看到巫俗祭仪的演出。

　　由上可见,韩国的巫俗信仰在古代处在与儒佛道等外来宗教互补的位置上,与外来宗教之间形成了一种接受关系,因此,在其中很容易发现道教、佛教和儒教的影响。例如,巫婆崇拜的神中有五方神、七星神等具有道教色彩的神;巫婆被叫作"菩萨",穿僧衣做法并崇拜佛教诸神,这里可以看出佛教的影响;在庙堂里摆上象征神的牌位或是村祭时和祭祀官一起进行祭礼,这体现出巫和儒教的联系。韩国的巫术信仰就这样与外来宗教维持着时而矛盾、时而互补、时而包容的关系,确立了具有韩国特色的巫俗信仰体系。

---

①　活人院(활인원)是1414年太宗设立的医疗机构名称,为京城内的百姓治病。1466年,世祖将其改名为活人署(활인서)。
②　在朝鲜王朝时期,社会等级森严,"贱民"是社会最低阶层。

二、巫俗信仰的表现形式

巫俗信仰不像外来宗教一样具有科学的体系,而是一种朴素单纯的韩国固有信仰,它以现世和来世共存的观念为基础,主要以各种巫俗仪式表现出来。这些巫术仪式像招待人类一样招请鬼神,款之以丰盛食物,娱之以歌舞短剧,具体包括迎神、娱神和送神三道程序。巫术一方面通过灵媒的作用使神与人的关系更加密切,另一方面使人们的苦恼得到倾诉,从而实现心灵的平静。可以说,巫术仪式可以缓解人们的压力,增加对生活的希望。巫俗仪式按规模的大小可分为祈祷、祭鬼、祭祀以及大型巫术等。

祈祷是最小规模的巫俗仪式,主要在出行前、患病及出现家庭矛盾等情况下举行。

祭鬼比祈祷规模稍大一些,在家中有长期病患、婆媳或夫妻长期不和、难产等情况下举行。

祭祀是在乔迁新居等情况下进行的,属于祈福仪式。

大型巫术是旨在慰灵、安宅、防疫的巫俗仪式,其顺序依次为:摆祭品、设宴款待各路神仙、祈愿、送神、送杂鬼、烧掉祭坛上供的衣服和祭祀场所的各种装饰物,其间会穿插神灵或灵魂附体、占卜、绝技、短剧等项目。这里的绝技一般是巫婆攀上锋利的铡刀或用三叉戟插起整头猪;短剧主要是带有很多喜剧元素的短小话剧,它的主要目的在于讨好鬼神,蕴含了禳灾祈福的朴素愿望。同时也可以博观众一笑、让大家暂时忘却烦恼、营造较缓和的气氛。

在古代韩国,有些以部族甚至有以国家为单位进行的祭祀仪式,主要包括祭天仪式和祭神仪式。

祭天仪式是对天神进行祭祀的仪式,天神作为最高的、永恒的大主宰神,育化万物、主管人类生死祸福。人们相信如果至诚祈祷或祭祀,天神必定救助。基于这一信念,古代韩国各部族均有大规模的祭天仪式。其中高句丽族的祭礼中有祭拜太阳的仪式,同时迎祭隧神,并用猪作祭品。祭舞中表演者舞动长袖,长袖飘舞翻飞,给人以活泼的美感。

古代韩国有多神信仰的风俗,除祭祀日月星辰、名山大川外,人们还信仰地母、谷神和建国祖先等,这导致了多种祭神仪式的产生。如韩国古代民族由狩猎畜牧改为定居后,农业开始成为主导社会的主要生产活动,因此谷神受到人们的重视,人们以歌舞的方式祭祀谷神,感谢谷神的慷慨。在韩国的古代传说中,檀君是古朝鲜的创建者,他执行天神的旨意,管理人民,也左右人们的疾苦,受到人民尊敬。檀君是负责政祭的君主,后来进山成为神人,变成只负责神事的巫祝。檀君神话的流传引发了对洞神和神木的祭祀。

三、巫教的政治作用

在早期古代韩国多元的宗教活动中,巫教占据重要的地位,且具有祭政合一的色彩,对政治有极大的影响。到后来,随着外来宗教的传入以及国家的形成与拓展,祭政逐渐分离,巫的角色单纯化,成为宗教的执事者。但是,巫教仍间接地对政治发挥着影响力。

三国时代后,由于政治权力的扩张,祭政完全分离。巫师不再参与政治,只能负责国家或部落的神事,他们领导的集团成为修炼长生不老方术的特殊宗团,边切磋武艺,边修身养性。为统一天下,三国政权分别创造了祖先建国神话,同时整备祭典,争取人民支持。其中新罗的祭典有始祖祭、五庙祭、社稷祭、八措祭、农祭、风伯祭、雨师祭、灵星祭、山川祭、城门祭、庭祭、川上祭、明祭、五星祭、祈雨祭、压岳祭、辟气祭等;高句丽的祭典有鬼神祭、社稷祭、灵星祭、天祭、禭神祭、始祖祭、王母神祭、山川祭等;百济的祭典有天神祭、始祖祭、天地祭等。这些祭典虽在形式上大同小异,但究其渊源,仍都源自巫俗信仰。

三国时期,人们认为,在巫的作用下,祥瑞涌现,出现了龙、灵龟、神马、白狐等奇观。而对此的解释是:德至渊泉则黄龙游于池,王者德泽湛清则出,王者德御四方则出神马,王者仁智则至。这里,对祥瑞的阐释是基于儒家王道思想的,而异象的搜集与诠释则是巫的专长。由此可知,这时的巫仍具有巨大的政治影响力。

新罗文武王与中国唐朝合作后相继吞并百济和高句丽,于公元668年完成统一大业,开启了朝鲜半岛新的纪元。同时,朝鲜半岛的巫教出现了与佛教合流的趋势。新罗的统一促进了民族国家观念的产生,佛教护法思想与护国龙神信仰结合,使巫教由除厄治病、辟邪进庆的咒术宗教转向复合式宗教。此后,巫教在朝鲜半岛传延下来,直到今日仍在韩国民间扮演重要的角色。至于巫教的政治作用,虽然变得隐蔽多元,但仍可窥见其踪迹。如高丽以来风水地理盛行,图谶、灾异思想大行其道,均为巫教影响所致,而朝鲜王朝祭祀礼仪的整备,尤其祀天与山川祭礼更有着明显的巫教遗痕。

第二节　儒教信仰

以儒学为主体的中国文化是人类古文化中唯一一从未中断、延续至今的文化。以孔子为代表的儒家文化,不靠武力,不靠政府政治背景,仍能远播海外,以伟大的人文精神———人道、仁道、和谐中庸之道,辐射到周边国家,形成了广大的儒教文化圈。这充分说明了儒学思想的巨大影响力。

儒家思想又称儒学,指儒家学派的思想。儒家哲学注重人的自身修养,强调与身边的人建立一种和谐的关系。有人认为儒家思想是一种宗教,称之为"儒教"。儒教是一种人文思想,是一种没有神的宗教。它最初指冠婚丧祭时的司仪,自汉代起指由孔子创立的、以仁为核心的思想体系。儒学是中国古代的主流意识流派,汉代以来在绝大多数的历史时期作为中国的官方思想,至今仍是大部分华人的主流思想基础。儒家思想从中国传入朝鲜半岛,深刻地影响了韩国的社会、文化、教育、个人思想等各方面,其价值观念至今仍留在韩国人心目中。

一、儒教在韩国的传播史

儒学在韩国的传播经历了与中国不同的发展阶段。约在公元前二世纪,儒家思想随同汉字传入韩国,此后,儒学在中国发展的几个阶段如先秦儒学、汉唐经学、宋明理学、明清实学等在韩国都有相当的影响和表现。公元372年,高句丽设立太学,教授儒家经典;百济、新罗、统一新罗都非常重视儒学,派遣学生到中国学习儒学经典;高丽末期,朱子学传入韩国;朝鲜王朝时期,儒学上升为近乎国教的地位。

1.传播与成长(上古~统一新罗)

关于儒教何时传入朝鲜半岛,众说不一。一般韩国学者认为,早在卫满朝鲜(公元前190—108年)和汉四郡(乐浪、玄菟、真番、临屯)时代,汉朝的文物典章制度与学术思想等已被移植和输入到朝鲜半岛。更有学者指出,据中国史籍《魏略》记载,战国末期燕昭王二十九年(公元前283年)时,朝鲜侯王与燕国已有交往。据当时汉字已传入朝鲜半岛的史实,可推测汉字中所包含的儒教思想亦已传入。这都说明韩国有着悠久的儒教传统。

至三国时代,儒教思想和中国典章制度在韩国已有较明显的影响。高句丽小兽林王二年(372年)时正式建立"太学",主要教授儒教经典的"五经"(《诗》《书》《易》《礼》《春秋》),同时以《周礼》为依据、仿效中国法制制订了各种律令与社会统治体制。据现存韩国最古的碑刻资料《广开土大王碑》的记述,从高句丽开国君主东明王的治国遗训"以道与治"中即可窥见儒教的影响,赞扬广开土王治绩的碑文更体现了儒教政治原理的实践。百济虽无建立儒教大学的记载,但也很早就受到儒教"五经"思想的影响,很早就有精通儒教"五经"的"博士"。据日本《古事记》等史书记载,日本最早接触中国文化是通过百济的王仁博士。王仁在日本应神天皇(270—313年)时期把《论语》《千字文》等儒教经典传入日本。"五经"儒学在百济时代兴盛的情况由此可见一斑。据史书记载,新罗对中国文化的接受是通过高句丽和百济实现的,在时间上较两国稍晚,但儒学在新罗有其独特的发展。新罗真兴王二十九年(568年)立的《黄草岭碑》中称:"纯风不扇,则世道乖真;玄化不敷,则邪伪交竞。是以帝王建号,莫不修己以安百姓。"这里"修己以安百姓"一语即出自《论语·宪问》,是儒教的重要政治理念,可见当时新罗受儒教影响已相当深。真兴王时代创立的"花郎道"以"事君以忠、事亲以孝、交友以信、临战无退、杀生有择"为修养要义,把中国儒释道思想与韩国传统思想结合起来,对韩国民族精神的形成有着深远的影响。

新罗统一三国后进一步加强与唐朝的交流,引进唐朝的文化制度。神文王二年(682年),正式成立"国学",以《论语》《孝经》为基本教材,教授儒教经典。同时,新罗还派遣大量留学生、留学僧入唐求学,其中涌现出不少杰出的学者、高僧,《桂苑笔耕集》的作者崔致远和《往五天竺国传》的作者慧超等都是名闻中韩的大学者。新罗、高丽时期的儒教具有浓厚的三教融会特征和强烈的文学性,与高丽末传入的性理学有很大不同。

2. 传承与大发展(高丽时期)

随着高丽后期程朱性理学的传入,儒教在韩国进入了大发展时期。从丽末至整个朝鲜王朝时期,儒学大家辈出,学派林立,不断创新,思想深邃,为韩国的儒教传统奠定了坚实的理论基础。高丽国王定期在太学举行祭孔活动,倡导儒学;高丽成宗追封新罗学者崔致远为内史令、薛聪为弘儒侯,立文庙;丽末恭愍王十六年(公元1367年)建立"成均馆",任命当时一批著名儒者如李穑、郑梦周等讲授讨论朱子学,于是,朝鲜半岛的学风由从来以文学为中心,转为以经史理论为中心。

性理学大约在高丽仁宗时期随北宋书籍的大量传入进入朝鲜半岛。当时的宋朝儒学体系以《周易》和《中庸》为根本,朝鲜学者对这些书籍的研究成为韩国性理学研究的开端,可以说,韩国学者几乎与北宋学者同时开始了对性理学的研究。

中国的性理学到朱熹才趋于完善并形成体系。约在高丽忠烈王时期,著名学者、宰相安珦第一个把朱子学的体系较为完整地传入韩国,为新儒学在韩国的发展奠定了坚实的基础。白颐是安珦的弟子,十四世纪初赴元学习程朱理学,回国后积极传授程朱理学。初兴的性理学是非常纯粹的儒学说教,其兴起与对佛教腐败的不满密切相关。

之后,朴溥在韩国深入研究并传播了《四书集注》。忠宣王时期,李齐贤在大都研究中国经史,对程朱理学推崇备至,回国后积极推广性理学。韩国科举考试也强调程朱理学,使得程朱理学在高丽得到更为广泛的发展与传播。

3. 全盛时期(朝鲜王朝时期)

丽末鲜初,郑道传与李成桂相配合,使朱子学这一新的精神武器取代了佛教,为性理学成长为朝鲜国学奠定了基础。1392年前后,性理学学者郑道传积极活跃在政坛上,一方面参与各项改革及朝代更替时期复杂的政变事件,一方面在实践中运用性理学思想。郑道传是李成桂控制政权的协助者,李成桂执掌政权后,他更积极地投入到新王朝的建设工作中,凭自己特殊的身份把性理学推上"官学"的地位。当然,性理学成为官学并非仅仅凭借几个学者的力量,关键是新王朝有建立新的思想统治秩序的迫切要求,于是已在社会上广泛传播并为民众所接受的朱子学脱颖而出。当时的代表人物主要有致力于性理学的官学化的郑道传和致力于性理学的纯学术性研究的权近。两位都是推进性理学发展的关键人物,正是由于他们的努力,韩国的朱子学得以从理论和实践上进一步发展,为其以后的完善奠定基础。

性理学的奠基主要归功于士林派。士林派在朝鲜王朝初期就已形成,他们大多属于丽末鲜初的改良派,新王朝建立后,他们的政治主张没有得以实现,因而舍却仕途,隐退乡野,主要从事教学研究。世宗时设集贤殿广纳贤才,士林派才开始在政治上发挥作用。他们不仅对儒学经典十分熟悉,而且积极将其精髓应用于实践。在理论上,他们进一步发展扩充了先贤的理论体系,主张"排斥异端,独尊儒术";在实践中,士林派还是热衷的教育家,兴办私学,大力发展教育事业。

强调实践躬行是韩国性理学的重要内涵,也促成了朝鲜程朱理学的集大成者李滉(1501—1570 年)、李珥(1536—1584 年)等巨儒的出现。他们对四段七情论的理气解释明显有别于前人。而十六世纪中叶朝鲜朱子学的繁荣即表现为李滉创立的退溪学派和李珥创立的栗谷学派的对峙。两大学派分别代表了朝鲜朱子学两个不同的发展方向,成为两大性理学派。它们奠定的朝鲜朱子学发展的基本方向,在以后的几个世纪成为朝鲜朱子学内部两派之间的争论主题。

李滉和李珥两位儒学大师还使朝鲜朱子学牢固地建立在社会文化基础之上,成为影响朝鲜王朝整个社会的儒家正统文化思想体系,他们对朱子学的贡献突出体现在开创了朝鲜化的儒学思想体系,为后来人铺平了道路。如退溪学派把朱子学关于理气二分和本然气质二重人性的思路贯彻到底,提出了理气二物说和四端七情理气互发说,从一个侧面发展了朱熹的性理学说;栗谷学派则坚持朱子学关于理气不离不杂和理无造作、无嫉妒、无动静的原旨,发展了朱熹的另一思想,提出了理气既非二物又非一物说、理通气局说、四端七情气发理乘说和心性情意一路各有境界说等等。

四端七情论争是朝鲜前期最大的学术论争,这场论争促成了两大朝鲜性理学派——岭南学派和畿湖学派的形成。随着朝鲜后期学派和政派的统一,四端七情学说逐渐成为性理学的政治理论基础学说。这是一场在退溪李滉和高峰奇大升之间展开的持续了八年之久的论争,它用朱子学的用语和理论体系阐释了当时朝鲜社会的问题,并通过对朱子学进行创造性重构,形成了朝鲜性理学的基础。

到十八世纪,韩国的性理学又开始了湖洛论争,这个论争更加形而上学地发展了性理学的道德观。这一论争与四端七情论争一样,是在中国朱子学传入朝鲜发展为朝鲜性理学的过程中经历的一场哲学论争,其结果是深化发展了儒学思想。湖洛论争的焦点在于"未发论辩"和"人物性同异论辩(五常论辩)"。巍岩否认未发的气质之性,认为圣人与凡人同样接受了"明德本体",其本心是相同的,即所谓"圣凡心同论",这后来发展为人与物的本性相同的"人物性同论(又称洛论)"。南塘则认同未发的气质之性,认为圣人与凡人的本心必然不同,主张"圣凡心不同论",继而主张"人物性异论(又称湖论)"。如果说巍岩是以"同"为理论根据,那么南塘就是以"异"为理论根据。人物性同异论主要是同论和异论的争辩。人物性同论认为,人与物同样禀受了五常,物也同样具备五常的全体(全),所以人物性同;人物性异论认为,人禀受了五常的全体,而物只禀受了五常的一部分(偏),所以人物性异。

综上所述,朝鲜性理学可以理解为朱子学在朝鲜的延续和发展,也可理解为朱子学与朝鲜政治、思想相结合的产物。

二、韩国儒学的现代化

经历了长期发展的韩国儒学在传统儒学的基础上明显地继承发展了朱子理学,具有强烈的排斥异端的色彩。因此在近代来临时,作为朱子学嫡统的韩国儒学,不能迅速热烈地接受西欧文明开创新世界的新形势。儒教作为统治哲学,完全执着于既得权力,而不做任何试图理解异教的努力,受到官学权威的限制,它也没有接受新文化的雅量。它是儒家意识形态和君主制历史传统相结合的一种政治文化。而韩国的权威主义是与资本主义相结合而发展的,它代表的是新兴工业化势力的利益。这在韩国是根本条件的转换以及政治制度的转型。它也说明了儒学在韩国,是经过政治制度转型后才得以发挥积极作用的。

到了朴正熙政权时代,儒学精神同西方价值观、西方先进的科学技术及管理方式相结合,有力地推动了韩国的现代化。儒学在韩国现代化过程中发挥的积极作用有两点。其一是定立儒家教育理念,至今,在韩国,从政府官员到一般百姓都有"学而优则仕"的儒教传统观念。其二是社会文化体系中儒家文化积淀的作用,突出地表现在国民意识改造和家风式企业文化的积淀上。

国民意识的改造注重发扬儒家重视道德教化的传统,并把它与西方崇尚科学的精神相结合。韩国的企业文化是一种家风式的企业文化。这种企业文化的突出特点是重视人性,依靠礼义和人情把人们紧密地团结在一起。它深深地植根于强调忠孝和仁义礼智信的儒教传统思想之中,受传统大家族制度的家长式权力及其相关行为准则的影响。二十一世纪韩国的企业文化继续保留儒教的人文精神,同时又接纳了重视个人能力发展的新式企业精神。其结果是,韩国儒学重新介入国民教育、融入国民精神中,在新的市场经济的条件下发挥了新的积极作用。

简单地说,韩国儒学伴随着时代的发展而不断进步,去其保守、过时的思想因素,增加其适应社会发展的新内容,并普及到广大民众之中,客观上促进了韩国文化的发展,形成了现代韩国高尚的社会道德和美风良俗。但其流弊也一定程度地阻碍了社会的进一步发展,延缓了现代化的进程。如何对待和解决儒学与现代化的关系、将二者协调、实现儒学的现代转换,以适应社会发展的客观需要,已成为一个迫在眉睫的问题。

三、儒教对现代韩国人生活的影响

自从儒教传入朝鲜半岛起,就对其政治制度和思想产生了相当大的影响。特别是进入十四世纪的朝鲜王朝时期,上起国家的统治方式,下至一般人的家族关系,儒教成为给一切社会制度提供原则的基本哲学。可以说,儒教已渗入韩国人生活的方方面面。即使在今天,儒教依然是理解韩国社会与韩国人的第一要素。

一项关于韩国人宗教意识的调查显示,韩国人中承认自己是儒教人的不过 0.5%,但约 92% 的参与者都表示认同儒教的规范和价值观。通读儒教经典的人并不多,但祭祀、婚丧嫁娶等儒教习俗以及家族内的人际关系和礼节却依然牢固地存在于人们的日常生活和规范中,人们尚未摆脱已植根于日常生活中的孝道、信义以及长幼有序等儒家思想。

任何思想都存在理想与现实间的矛盾,韩国社会中人们对儒教也有光辉与阴影的双重交叉认识。大约 100 年前,韩国在内忧外患下逐步丧失国权,人们将儒教认作罪魁祸首,认为朝鲜近代化的失败是朱子绝对主义僵化的世界观和游离于现实的空理空谈造成的。后来,在二十世纪六七十年代,即为实现经济增长和民主化而孤军奋斗的时代,儒教又被列为沉重的遗产,成为清算的对象。

如今的韩国实现了位列世界前十的经济增长,政治上推翻军事独裁,实现了民主化,并成功举办了奥运会、世界杯等重要活动,开始树立起民族自信心。特别是进入二十一世纪以来,韩国在信息技术和生命科学等领域取得了令人瞩目的成就,韩流文化也大量输出海外。在这一过程中,韩国人逐渐消除了对自身的否定认识,开始肯定自我,于是出现了对儒教文化传统进行肯定性再解释的大趋势,以社会科学领域为中心形成"儒教论",儒教再度受到大众的普遍关注。

第三节　佛教信仰

佛教于四世纪高句丽小兽林王时期传入朝鲜半岛,并相继对百济、新罗也产生了巨大的影响。被联合国指定为世界文化遗产的佛国寺和石窟庵就是新罗佛教的艺术品。佛教历史悠久,对韩国文化影响重大。至今,韩国国内还保存有很多具有极高艺术价值的佛教遗产,如佛教建筑、雕塑、绘画、工艺品等。

一、韩国的佛教史

韩国的佛教是北传佛教之一,于四世纪后期由中国传入,其传播和发展经历了以下几个阶段。

1. 三国时期

三国时期,佛教最先传入高句丽。据《海东高僧传》第一卷记载,高句丽小兽林王二年(372年),中国前秦苻坚遣使者及僧侣送去佛像和佛经。两年后,又有东晋僧阿道赴高句丽。小兽林王五年(375年),小兽林王为阿道建伊弗兰寺,又立省门寺供顺道居住,是为佛教之始。之后,高句丽又于393年在平壤创建九寺;396年,中国的弘法僧昙始携来经律典籍数十卷;其后又有慧慈、昙征、慧灌等僧到高句丽,主要传播三论宗。

百济在枕流王元年(384年)迎接了东晋梵僧摩罗难陀,翌年于汉山建立佛寺,并度僧十人,此为百济佛教之滥觞。其后,526年沙门谦益赴印度求法,返国后弘传《五分律》。541年百济朝贡梁朝,求取《涅盘经》等经典及工匠、画师。到今天,百济佛教遗品、遗迹很多都保存完好,主要有定林寺址的石造五重塔和丈六石佛、忠清南道瑞山郡的摩崖石佛群以及全罗北道益山郡弥勒寺址的石塔。这一时期,百济的佛文化还深刻地影响了日本。538年百济首赠佛像、经论典籍于日本,其后有昙慧、慧聪、观勒等百济僧相继赴日,他们不仅带去了佛教,也将天文、地理学等传到日本。

新罗佛教的发展与高句丽、百济不同,朝向独特的护国佛教发展。相传西元五世纪前半叶讷只王(第十九代)时代,沙门墨胡子(一说为阿道)自高句丽抵新罗一善郡毛礼家,这是新罗佛教的发端。但依据正式的说法,新罗佛教开始于527年法兴王时代。法兴王之后的真兴王时代,新罗佛教逐渐被强化成护国佛教。553年,庆州最大的寺院皇龙寺开始兴建,皇龙寺九层塔成为护国佛教的象征。护国佛教的思想基础是圆光宣说的"世俗五戒",花郎就是根据"世俗五戒"及弥勒信仰形成的青年组织,为朝鲜半岛的统一贡献出了巨大的力量。新罗著名学僧除圆光外,还有慈藏等人。慈藏于636年入唐,为新罗带来了五台山佛教。慈藏创建的寺院有月精寺、通度寺等。新罗最古老的寺院有兴轮寺、芬皇寺(以慈藏等人曾住过而闻名)和四天王寺等。

六世纪,佛教已在朝鲜半岛广为流传,中国隋唐时期大小乘各宗教理几乎全部输入朝鲜半岛,其中影响较大的有三论宗和律宗等。由于三国政权积极扶持佛教,派很多僧人到中国求法,出现了许多大师,有高句丽的义渊、实法师、印法师等,百济的谦益、慧慈等,新罗的无相、圆光、慈藏、圆胜、惠通、胜诠等。有许多人还赴印度求法。百济僧谦益经由中国到中印度学习梵语和律部,回国时带回许多梵本加以翻译和研究,使律宗在三国得到迅速传播;新罗僧惠超踏遍五天竺,著成《往五天竺国传》,介绍了印度及其周边诸国的地理、交通、文化和风俗。

朝鲜三国时期的佛教还为中国佛教传入日本起了桥梁作用。六世纪中叶,百济圣明王将金铜释迦佛像和经论幡盖等赠给日本,为中国佛教传入日本的开始。其后慧慈自高句丽渡日,教授日本圣德太子;高句丽僧慧灌赴日后成为日本三论宗开祖;新罗僧审详赴日,始传华严宗。

总体来看,三国时期佛教虽然广为流传,但仍处在传播和解释教义的阶段。

2. 新罗时期

新罗统一三国后,韩国的佛教进入鼎盛时期,出现了元晓、憬兴、义湘、圆测、太贤、义寂、宣证、胜庄等著名佛教理论家,其中对朝鲜佛教的发展影响最深的是元晓、义湘和圆测。元晓的《十门和诤论》、义湘的《华严——乘法界图》和圆测的《解深密经疏》等著作为韩国华严宗和唯识宗的创立奠定了理论基础。当时存在众多佛教宗派,主要有涅盘宗、律宗、华严宗、法相宗、神印宗、总持宗等。涅盘宗为高句丽僧普德于景福寺所创,普德有 11 个高祖,其中包括著名的无上、寂灭等,建有八大伽蓝;律宗为新罗僧慈藏入唐回国后于通度寺创立;华严宗(一名圆融宗)有两派,一为元晓在新罗庆州芬皇寺所创,称为海东宗,一为入唐的义湘从智俨传承的中国华严宗,设祖庭于浮石寺,故亦名浮石宗;法相宗为真表律师于金山寺所创,宣传瑜伽唯识,弟子有永深、宝宗等。此外,密教系统有神印宗和总持宗(或称"真言宗")。神印宗的创始人是明朗,明朗于善德王四年(635 年)受帛尸梨蜜多罗所译神印秘法,其密教被称为神印宗(亦称"文豆娄宗"),在密教史上属善无畏、金刚智以前的杂密;总持宗创始人是惠通,他入唐后受善无畏印诀,为善无畏一派密教。新罗僧惠日受青龙寺惠果密法,带回《大日经》《金刚顶经》《苏悉地经》等,在新罗广传密教。另外还有成实学派、俱舍学派等。

九世纪初,中国禅宗传入朝鲜半岛。新罗宣德王五年(784 年),道义入唐后从虔州西堂智藏参学心法,受其法脉。822 年回国后传达摩禅,始传南宗禅,当时的南宗禅不很兴盛,但后来成为"禅门九山"之一的迦智山派。兴德王三年(828 年),洪陟入唐从智藏受法,回国后在实相寺宣扬禅法,开禅门九山的另一派——实相山派,禅宗始兴。新罗末期,道诜把佛教的善根功德思想同道教的阴阳五行及地理风水说相结合,开创了具有特色的"祈福佛教",使佛教更加神秘化。这时起,教禅分庭抗礼,互相竞争,佛教势力渐衰。

3. 高丽时期

高丽统一全国后,由于太祖王建深信佛教,兴建塔寺,佛教又渐转盛。文宗出家的第四王子义天被封为佑世僧统,世称义天僧统。他于高丽宣宗二年(1084 年)入宋,历访高僧,学习华严、天台教义以及戒法和禅法,回国后于肃宗二年(1096 年)创立了高丽天台宗。高丽王朝初期,华严宗北岳(希朗)法孙均如化解南岳(观惠)和北岳的分歧,与仁裕首座共倡归一之旨。光宗王特于松岳下建归法寺,诏均如主持,推崇备至。中期,禅门渐见衰落,时有知讷结定慧社,阐扬修禅宗风,禅师迭出,曹溪禅中兴。知讷对华严亦有研究,所著《圆顿成佛论》为曹溪宗的宗典。其后太古普愚、曾入元从屋清珙受法,回国后统禅门九山为一宗,称曹溪宗(亦称"禅寂宗")。当时天台宗亦被视作禅宗一派,故禅有曹溪、天台两家。教的五宗亦各改称:圆融宗改称华严宗,法相宗改称慈恩宗,法性宗改称中道宗,戒律宗改称南山宗,涅盘宗改称始兴宗,后称"五教二宗"。

这一时期佛教最显著的成就是大藏经的出版。高丽显宗二年(1010),在所谓"丹冠祈禳"的口号下,开始大事雕刻大藏经(共6000余卷)。历经70余年,终于在1087年宣宗王时完成,藏于八公山符仁寺,高宗十九年(1232年)为蒙古兵所毁。后从1237年起,历时16年,刻成有8万余块经版、约6780卷的《高丽藏》,现存于迦耶山海印寺内。为完成刻经事业,义天入宋游历14个月,搜集佛教经典,回国后设教藏都监,刻印大藏经,为《续藏经》。据《新编诸宗教藏目录》(刊行预定目录)载,《续藏经》收录内外佛典1000余部,4000余卷,现仅存20部。"高丽大藏经"板共八万余块传世,因此又称"八万大藏经"。1962年"高丽大藏经"板被韩国政府指定为国宝第32号加以保护,2007年被列入联合国教科文组织世界记忆名录。

4. 朝鲜王朝时期

十四世纪末,太祖李成桂统一朝鲜半岛,国号朝鲜。李成桂尊儒排佛,即位时放逐了禁中的僧侣。自太宗至显宗(1401—1674年)两百多年期间,颁行毁寺、迫僧还俗、禁止僧侣进城等种种措施,使得佛教走向衰颓的境地。世祖六年(1460年),曹溪、天台、慈南三宗合为"禅宗",华严、慈恩、中神(中道宗及神印宗)、始兴南山四宗合为"教宗",教、禅二宗各保留一定数量的寺院。成宗(1469—1494年)时更禁止供养僧侣,销毁佛像改铸兵器,出家被视为违犯国禁。明宗(1545—1566年)时,由于文定皇后的庇护与普雨禅师的努力,佛教禅宗稍见复苏,但不久即衰。"壬辰倭乱"(1592年)时,丰臣秀吉率大军侵入朝鲜,宣祖出奔义州,禅僧清虚休静募僧兵5000人,联同明军一起赶走日军,收复京城。宣祖还都后,赐号清虚休静"国一都大禅师"。清虚休静后还妙香山,有弟子千余人,著有《清虚堂集》八卷。至此,佛教禅宗稍有恢复。

实际上,朝鲜王朝 500 年间总体上是采取尊儒排佛的政策,然而一般民众中信仰佛教的仍大有人在。

5. 现代佛教

1876 年朝鲜与日本签订《江华条约》后,日本几乎所有宗派都开始在朝鲜布教。1911 年,朝鲜总督府(1910 年日韩合并后设置)发布"寺刹令",制定三十本山(后改为三十一本山)。也有僧人公然娶妻食肉,因此教团分为独身僧与有妻僧两派。1945 年 8 月 15 日韩国光复后,否定日本佛教的支配。光复后的朝鲜战争期间,许多寺院被烧毁。停战后,韩国佛教正式走向自立。

目前,韩国佛教有曹溪宗及其分派太古宗,还有圆佛教、佛入宗、真觉宗、元晓宗、天台宗、法华宗、佛入宗、大韩佛教法华宗、华严宗、净土宗、大韩佛教真言宗、天台宗大觉佛教、大韩佛教龙华宗、弥勒正心教、龙华同乘会、瑜伽密教等许多新兴佛教小教团。

现在,韩国佛教宗派众多,很难笼统概括。但不可否认的是,韩国是一个非常重视佛教信仰的国家。可以说,佛教在韩国得到了空前的发展,这也推动了韩国社会、文化的进步。

二、韩国佛教的特点

韩国佛教虽然源自中国、印度,但经历了上千年的发展,已经形成了自己的体系,并具备了独有的特点。

第一,韩国佛教具有宗派特色,组织严密,弘法功能强。韩国佛教的宗派不仅是集体修行的体系,更是庞大的组织、管理体系,这点与日本的佛教宗派相似。除曹溪宗、太古宗、天台宗、真觉宗、总指宗等五大宗派外,韩国佛教还有 36 个宗教法人、44 个法人团体。韩国佛教宗派虽多,按其发展形式可归纳为三种类型。其一为保持传统佛教法脉及传统僧人修道生活的宗派,如曹溪宗、天台宗等;其二为娶有妻室,身着僧装,过着僧俗并容生活的宗派,如太古宗、法轮宗、三论宗等;其三为娶有妻室,不着僧装,接近于居士佛教的生活佛教,如真觉宗、总指宗等。三种类型中,曹溪宗和天台宗势力最大并保持了传统特色。

第二,韩国佛教重视素质教育,寺院管理井然有序,修行要求严格。

早在高丽时期,韩国就设置"僧科",旨在选拔高级僧人指导传教并管理僧尼事务,这种高级僧人叫做"僧官"。僧科同科举考试一样,每三年举行一次。高丽末年至朝鲜王朝时期,禅宗僧人的考试内容是《景德传灯录》和《禅门拈颂集》,教宗僧人的考试内容是《华严经》和《十地经论》。通过僧科考试,僧人可以得到不同的阶位。禅宗的法阶有大选、大德、大师、重大师、三重大师、禅师、大禅师等,教宗的法阶有大选、大德、大师、重大师、三重大师、首座、僧统等。全国最高的僧官是"王师"和"国师",相当于君王的顾问,常常直接参与政事,权势很大。

第三,韩国佛教寺院建筑布局合理,开阔实用,既保持庄严古朴的特色,又有现代化设施。韩国传统的古寺多是木造,佛像不大却精美,壁画多,法器陈设也很精致。与我国不同,韩国寺院多依地势而建,不破坏环境,多数建有佛塔,但都不高。寺院地面或铺沙石或植草,让人感到整洁自然。新建的寺院或城市中的寺院,其殿堂往往是多层或多功能的,地下室宽敞明亮,充分利用有限的土地和宝贵的建筑面积,同时还充分考虑到吃、住、办公、修行和参加各种法事活动的需要。

三、韩国佛教在东亚佛教文化圈中的作用

韩国佛教迄今已有 1500 余年的历史,佛教早已成为韩国传统宗教文化的组成部分,对韩国传统文化的发展起过巨大的作用,在韩国宗教史上有着不可磨灭的贡献。韩国的佛教自中国传入,从历史上看,到韩国被日本吞并以前为止的一千余年里,韩国佛教在总的发展势态上都受到了中国佛教的影响:隋唐的佛教鼎盛期促成了新罗佛教的广泛流行;宋明的教禅合一、僧释道三者合流使高丽、朝鲜王朝时期佛教出现了各教会通的状况;后来禅宗在中国成为佛教主流,韩国也是同样;佛教的盛衰消长往往受社会经济条件决定,并受到统治阶级的干预,这点在中韩均是如此,说明在东亚专制封建国家,佛教的发展与统治政权的态度有着密切的关系。中国佛教对韩国的宗教文化产生了深远影响,但是也应看到,这种宗教文化交流是双向的,韩国的佛教也同样对中国的佛教产生过影响。不仅如此,韩国佛教还影响到日本佛教。在古代交通工具不发达的情况下,许多日本僧人往往取道朝鲜半岛、经中国东北地区到内地学习佛教,也有新罗、高句丽僧人到日本弘法,推动了日本佛教的发展。可以说,在中日韩三国组成的东亚佛教文化圈中,韩国佛

教既是中国佛教向外传播的中转站和集散地,也是会通中日佛教的结合点。

第四节　基督教信仰

基督教在朝鲜王朝末年传入朝鲜半岛,短短一二百年间在韩国取得了长足的发展。2021年统计数据显示,基督徒已经占韩国总人口的31%,其中新教徒占20%,天主教徒占11%。

对韩国来说,基督教已经不单单是一种宗教信仰,历史上它是联系民族文化和西方文化的媒介。在西学东渐的潮流中,基督教曾经在韩国民众中起到巨大的思想启蒙作用。在现代,基督教加强了韩国与外国的交流。随着历史的发展,韩国的基督教已经具备了一定的民族文化特色,成为韩国主流思潮的重要组成部分。

一、基督教在韩国的发展史

基督教的传入有其深刻的社会历史背景。近代及以前,朝鲜半岛的宗教大体经历了如下几次更选:民间萨满教——高丽时期的佛教——朝鲜王朝时期的儒教——近代基督教。在长达500多年的朝鲜王朝时期,中央政府"排佛尊儒",儒教成为国教。朝鲜王朝末年,儒教信仰趋于僵化,无法解决内忧外患的现实问题,朝鲜开始把目光转向西方,寻求自立强国之策。在这点上,朝鲜半岛的经历与中国颇为相似,只不过中国由于自身思想文化传统根深蒂固,看到的是西方的社会科学思潮(进化论、资本论、国富论等)和有影响力的文学作品,韩国人则选择了基督教思想。

1. 近代天主教的传入

天主教与朝鲜半岛的关系可以追溯到七世纪,但是,关于天主教的正式传入,普遍认为以1783年冬李承薫皈依天主教并于1784年春把天主教传入朝鲜半岛为标志。也就是说,天主教的正式传入并非依靠西方传教士,而是由本国人自行传播。

天主教信仰人格化的上帝,主张上帝面前人人平等,这与当时的等级制度以及一夫多妻制背道而驰,自传入之初就与韩国的封建儒教伦理思想发生了激烈的冲突。据史料载,1785年3月,"前中人金范禹家,有李檗者,以青巾覆头垂肩,主壁而坐。承薰及若铨、若镛三兄弟及权日身父子,皆称弟子,挟册侍坐。檗说法教诲,比之吾师之礼尤严,约日聚会,殆过数朔,士大夫、中人会者数十人。秋曹禁吏,疑其会饮赌技,入见则举皆纷面青巾,举止骇异,遂捉其耶稣像及书册物种若干",刑曹禁吏认为天主教徒行为怪异,将集会人员悉数收监,这就是"乙巳秋曹摘发事件"。此后又陆续发生了"辛亥教难""帛书事件""辛酉教难"等,特别是"帛书事件"涉嫌勾通国外势力危害国家安全,使统治者大为震惊,对天主教徒采取了清剿行动,一时间朝鲜半岛天主教徒消失殆尽。由此可见,最初传入韩国的天主教是作为异教邪说受到排斥的。

2. 基督新教的传入和传播

最初新教在朝鲜半岛的传播也很不顺利,朝鲜王朝统治者将它和天主教等同起来,严厉禁止新教徒和教义的进入。十九世纪末,朝鲜王朝统治腐败没落,日本侵略者开始了对朝鲜半岛的殖民化进程,朝鲜受到一系列社会问题的困扰,被迫对外开放门户。民族危机迫使开明知识分子思考实现国家富强的途径,新教成为西方自由平等、经济发展、科学进步、民族开化的代名词,符合韩国学习西方的时代要求。新教的传入给处于水深火热中的韩国人带来了精神寄托,并给韩国带来了先进的医疗、教育和科学技术,推动了韩国的近代化。新教的兴起也可以说是贫穷、落后、愚昧的韩国人自我觉醒的文化启蒙运动。

3. 韩国特色基督教的形成

3.1 对韩国特色基督教的探索

有学者认为,韩国的基督教思想真正形成理性的学问是在光复前后。这一时期大批在国外从事神学研究的留学生回国,开始致力于有韩国特色的基督教研究,以对圣经的理解和诠释为中心形成了正统主义神学思想、进步主义神学思想和自由主义神学思想三种类型的神学思想,代表人物有朴亨龙、金在俊、郑景玉等。

正统主义神学思想主要以朴亨龙为代表,主张保护宗教的纯粹性和正统性,认为阅读圣经是知悉上帝旨意的唯一手段,夸张基督教与其他宗教之间的矛盾。朴亨龙在1953年长老会神学校校长就职演讲中说:"我们要努力响应我国教会神学的自我意识的显现,并为树立韩国教会神学竭尽全力。所谓韩国教会神学的树立,绝不是指要创立什么神学体系,而是意味着把保守使徒传统的真正信仰之神学即70年前教会创立时所接受的那种神学原原本本地保留到永远。"从这里可以看出,朴亨龙把保持神学信仰的纯正提升到了树立韩国教会神学的高度。

进步主义神学思想主要以留学归来的神学研究者为主,代表人物有金在俊等。他们的神学历史观不同于正统主义神学家,认为国外基督教在不断进步,韩国却抱残守缺,充当着西方的精神殖民地。进步主义神学思想者对正统主义思想进行了系统的批判,认为圣经只是上帝在特定时期的启迪,现代人也可以和上帝建立心灵的联系,以全新的视角诠释上帝的旨意,主张韩国的基督教应该适应韩国的历史现实。

自由主义神学思潮是作为正统主义神学的对立面产生的,其主要观点是:圣经只是部分传达了上帝之言,上帝之言还有其他的表现形式,应该从历史和文学的角度对圣经加以研究。这种思潮是受了当时风行欧洲的思想解放之影响而产生的,代表人物是郑景玉。郑景玉是一个宗教信仰和宗教理论研究相互矛盾的神学家,其宗教信仰方面有清教徒式的保守,理论研究方面却奉行自由主义。郑景玉从本质上研究了宗教存在的必然性和发展历程,研究了各种宗教之间的关系,得出各种宗教都可以接近上帝,但是基督教最为接近的结论,充分表明了其基督教中心主义观点,这也是其自由主义的保守部分。

3.2 对韩国特色基督教的再探索

二十世纪五十年代初,军阀独裁导致韩国社会混乱,经济落后,怨声载道。思想方面也因同时受到西方自由民主主义和苏联马克思主义的影响而呈现混乱状态。这一时期,在韩国,基督教扮演了社会价值体系基础的角色。这是因为韩国基督教始终作为一种进步的思想引导人们抵抗外来侵略、发展本国经济政治文化,因而在百废待兴之时,奋发的韩国人首先想到的自然是曾经指引过他们的基督教思想。但是这一时期的基督教已不再是单纯的介绍与引进,而是更加注重宗教的本土化,把基督教思想和韩国的社会现实以及人们的价值观念、社会心理结合起来,逐渐形成了具有韩国特色的基督教。这一过程主要包括两个方面,即基督教的世俗化和本土化,其突出特点是新正统主义的进步主义神学与韩国地域、社会特点的结合。

随着现代科技文明的发展,人类已经破除了最初对上帝和神的盲目崇拜迷信,开始以现代人的眼光解读上帝、神意、宗教,寻找宗教的现代意义,这便是宗教信仰中的自由主义倾向。根据这种思潮,基督是具有历史性的,圣经中的上帝属于过去。这一时期韩国的代表神学家徐南同提出了"现在的基督"这一概念,着重探索现代社会宗教的存在意义和现状。

在新的时代背景下,基督教不仅具有了时代特征,还具有了鲜明的地域特征。正统的宗教信仰好比"种子",而具体的地区就是种子生长的"土地",种子要充分吸收特定"土地"的营养、结合自身内部特征才能长好,所以神学家们开始把探索如何获得"种子"和"地"的有机统一作为新的使命,认为基督教只有适应韩国传统思想文化,才能真正获得发展。韩国神学的建立就是一个外国宗教和本国文化从渐渐适应到融合再到形成本民族特色神学的本土化过程。另外,还有一些神学家(如柳东植)尝试从宗教产生的本源上发现基督教本土化的合理性,认为福音教的产生就是上帝之言在犹太民族文化中的本土化,其具有普遍生命力,是包括基督教在内的所有宗教的先验性真理。他们研究的韩国宗教和基督教的关系实际上是福音教对韩国的普遍意义问题,是基督教的韩国化。这种研究把基督教自身特点和韩国的特点相结合,满足了基督教本土化的必要性,但是把福音教当做一种具有普遍意义的宗教,注定使研究局限在基督教于韩国的具体表现形式上,并不能真正成为韩国的自由主义神学研究。

4. 韩国特色基督教的确立

韩国的现代化起步于二十世纪六十年代,七十年代,韩国经济进入高速发展时期,经济的发展带来了一系列社会变革:国家地位上升,民族、民主和人权意识明显增强,人们迫切要求废除旧的维新体制,各种民主和人权运动此起彼伏,科技教育文化卫生等各项事业蓬勃发展,人民生活水平有了明显提高。同时,贫富差距拉大、政治腐败、拜金主义、崇洋媚外等社会问题也开始显现。面对这种社会现实,神学家开始进一步探索本土化的、具有韩国主体性的宗教信仰,主要是"民众神学"。

纵观韩国宗教历史,基督教扮演的都是内忧外患、民族危机中的思想启蒙者角色。韩国人汲取基督教的进步思想拯救国人。尽管神学家们意识到了硬搬圣经的正统主义神学的弊病并对此进行了深刻的批判，在融合韩国特色和基督教、探索基督教的时代进步意义中进行了积极的尝试，但是，韩国的基督教一直没有走进自由主义的韩国本土化基督教的阶段。"民众神学"的发展是一次突破，它标志着具有韩国特色的基督神学的形成。

"民众神学"产生于七十年代，有着深刻的社会背景和神学基础。伴随着韩国经济的高速发展，贫富分化现象严重，处于社会底层的穷人、学生和社会活动者们组织参与了一系列反抗运动。一批神学家也意识到了这些社会问题，开始反对为腐败统治和现行政策歌功颂德的传统神学，积极投入到为贫苦百姓争取权益的活动中去，着手研究能代百姓申诉苦难的神学，"民众神学"应运而生。民众神学是前一时期新正统主义的进步主义神学朝自由主义方向的进一步发展，思想更加解放，更加贴近韩国的社会现实。

民众神学是以拯救受压迫和剥削的贫苦大众为目标的神学思潮，神学家们认为信仰上帝的人分为不同种类，既有穷人、弱者，又有富人、权势者，因此对于上帝之言的诠释也肯定不同。这是对之前基督教从统治阶层角度讲经释道、服务上层社会做法的反叛，是一种更加自由的神学思潮。民众神学另一个主要观点的提出是围绕"民众天国论""民众历史主体论"和"民众运动论"的关系提出的，它否定了每个虔诚信仰上帝的人都能进入天国以及民众是社会生产的主体而不是社会历史主体的观点，提出天堂并不是每个人都能进入的，它属于民众，是民众历史主体性的实现，这种主体性需要民众通过各种运动和抗争去争取，"民众的天国"也会随之到来。

一般说来，宗教神学理论研究是神学家在书斋里或既定的宗教实践范围内进行研究的产物，具有明显的思辨性特征。然而自二十世纪以来，在拉美的解放神学、欧洲的政治神学等宗教神学中出现了神学研究与其他社会科学对话并吸收运用其他学科研究方法的现象，甚至马克思主义唯物史观在韩国的民众神学中也有体现。但是，二者又有着明显的区别。马克思的唯物史观提到人民群众创造了历史，这里的人民群众是普通大众，具体说来是和统治阶级对立的被统治的劳苦大众，而民众神学作为一种神学理论是根本区别于社会历史观的，他们所谓的民众是宗教信徒范围内的被统治阶层。正因为如此，民众神学虽然借用了唯物史观的研究方法和观点，却仍然保持了其宗教特色。

可以说,民众神学是韩国神学家冲出传统研究的藩篱,深入社会、参与社会实践、了解社会现实、亲自体验民众苦难和抗争运动后进行研究的结果。这种神学在思想内容上必然具有政治倾向性,方法论上也必然具有非神学化倾向。

作为与传统的保守主义神学相对立的异端神学和为民众代言的神学,民众神学在韩国现代化过程中为推动民主化进程和民众的抗争运动起到了一定的积极作用,并对韩国的理论界乃至德国等一些国家的神学界产生了一定影响。

二、基督教对韩国社会的影响

基督教自传入朝鲜半岛之日起,就对韩国社会各个层面产生着巨大的影响,主要表现在以下几个方面。

第一,基督教对韩国的独立爱国运动起到了组织和引导作用。十九世纪末二十世纪初,韩国开始遭受西方入侵,在争取民族独立的运动中,信仰民主、自由、平等的基督徒创办了"独立协会"和"协圣会",组织开展民族救亡运动。这些组织的主要活动包括捍卫民族独立自主、谴责外国干涉内政、要求收回已丧失的权力等。此外,协会主张兴建工厂、加速商业化和工业化进程、增强国防能力、保障国家安全,并通过《独立新闻》《韩国基督徒会员汇报》以及《基督徒新闻》等大众媒体提倡培养国民的责任心和爱国性。基督教徒发起的爱国运动一方面使爱国主义深入人心,另一方面也为民众灌输了人本主义和自由平等的思想。

第二,基督教对韩国近代新式教育的发展起到了奠基作用。新教在传播过程中陆续创办了一系列新式学校。最初创办的教会学校对宣传基督教、拉近基督教和韩国民众的关系起到了积极作用,这些学校逐渐增设学科,淡化了宗教色彩,在资金、学科建设和研究方面对韩国的教育现代化起到了不可替代的作用。著名的教会学校有梨花学堂、培才学堂、联合基督教学院等。

第三,基督教的传播使韩国的现代医疗水平上了一个新台阶。中医是韩国医疗保健的传统疗法,人们认为望闻问切等中医医术及草药才是治愈疾病的关键。随着基督教的传播,西医开始为韩国民众所接受。这一方面是由于宣传,另一方面是因为教徒在韩国开展了许多实际的医疗卫生工作,兴办现代医院、诊所等医疗机构,治愈了大批病人,消除了人们对手术、注射、消毒的恐惧。同时,随着医学院的建立,现代医学开始脱离教会力量,进入了一个全新的发展阶段。

第四,基督教的传播改变了韩国人的伦理观念,包括个人道德标准、个人价值观念和家庭伦理观念等。伦理观念的改变又体现了基督教对韩国政治民主化的巨大影响。随着韩国民主化进程的开展,教会在社会政治领域中的作用已不仅仅靠影响教徒来实现,还通过对社会提供帮助、进行海外传教以提升韩国的国际影响力等方式来实现。

第五,基督教的传播也为韩国社会带来了一些消极影响。过分狂热的教徒是社会上潜在的不安定因素,过分煽动教徒的宗教热情以及树立偶像的活动都会使教徒产生宗教冲动,从而引发一系列社会问题。

第七章　民间文学

　　韩国的民间文学形成于朝鲜民族漫长的历史过程中。原始社会出现的建国神话是人类通过推理和想象对自然现象作出的解释,也是韩国民间文学的雏形。

　　三国时期以后,随着国家体制的逐渐完备和农耕生活的正式开始,说话、民谣等民间文学逐渐形成。记叙生活体验的说话由于受到广大民众的喜爱,具有强大的生命力,一直流传至今。说话文学可以分为神话、传说和民谭。

　　神话最初出现于原始社会,由于当时生产力水平低下,人们不能科学地解释自然现象和原始社会文化生活的起源变化,只能以贫乏的生活经验为基础,借助想象把自然力和客观世界进行拟人化。神话是人们企图借助幻想征服自然的表现。神话中神的形象大多具有超人的力量,是原始人类认识和愿望的理想化。同时,神话又是文学的先河,是人类最早的幻想性口头散文作品。神话具有一定的地域性,不同的民族有着相异的神话。

　　传说有广义和狭义之分,广义的传说把一切以口头形式表达的散文体作品都包括在内,从民间文艺学的观点来看,这实际上就是神话、传说和民谭的总和。狭义的传说则是把传说与神话、民谭加以区分,凡与一定的历史人物、历史事件、地方风物、社会习俗有关的口头作品都可以认定为传说,此外的则被称作神话或幻想性故事。

　　民谭又称为民间故事,是以日常生活为题材、以现实人物为主角的散文类民间文学。与传说不同,它的故事和人物不一定与历史事实有联系,多属虚构:人物大多无名,故事也不交代具体的时间和地点等。

　　民谣和盘瑟俚也是民间文学的重要组成部分。民谣作为反映民众生活感情的口传艺术,如实地记录了民众在日常生活中的喜怒哀乐,淋漓尽致地表现出被统治阶级的劳动、信仰、娱乐和对政治的态度。被人们广泛传颂的《阿里郎》集中体现了韩国民众情感中的"恨"和整个民族的反抗精神。由于民谣的创作者是民众阶层，所以最初并没有被单独地作为一种文学形式加以创作整理，正式开始搜集民谣也是从近代才开始，虽然取得了不菲的研究成果，但由于现代产业化的发展，要解决传统民谣逐渐消失的问题还需要相关各方面的合作和努力。关于盘瑟俚的起源说法不一，这种说唱文学将音乐、文学和表演融为一体，形成了独特的音乐曲调和流派。流传至今的《春香歌》《沈清歌》等经不同人的整理形成了不同的版本，而后还被整理成为具有很高文学价值的小说，体现出封建社会的规范和道德，其核心包括民众劝善惩恶的思想以及想要成为两班贵族的愿望。

第一节　说　话

说话指日常生活中流传下来的有趣的故事，"说"是对某事进行解释说明，"话"指一人向多人进行叙述，所以说话指的是某一个人针对某事向多人进行讲述。说话是虚构的，具有一定故事结构。因此，并非所有闲谈都是说话，历史事实及现在的事实也不包括在说话内。说话中也包括很多具有真实性的故事，但这些绝不是完全的事实。较之真实性，说话更注重趣味性和教导性，讲述者充分发挥想象力，使故事更优美，更富吸引力。

说话具有口传性、散文性的特征，其传播场所和时间没有限制，而且讲述者可以通过观察听众的反应随时决定故事情节，因此是文学中流传最广泛的一种体裁。

在口碑文学的众多体裁中，说话是最经常以文献方式存在的一种。这是因为说话的享有群体非常广泛，其中也包括两班贵族和知识分子。用文字记录下来的说话叫做文献说话，文献说话大部分是关于建国始祖及高僧、名将、名臣等历史人物的故事，这些故事被记录下来后就不再具有可变性，因此从严格意义上讲，文献说话不属于说话。除文献说话外，说话文学还包括民间流传的口碑说话。口碑说话中主要是以娱乐为主旨的幽默故事，为那些被汉字文化拒之门外的普通大众喜闻乐见。

　　根据西方文献的记载,公元前3000—4000年左右就已出现了说话。各民族的说话出现的时期相似。但是,由于韩国保留下来的文献资料不多,目前还不能确知公元前3000—4000年韩国是否已经存在说话。据文献记载,韩国最早的说话是新罗时期新文大王演唱的《花王戒》。如果宫廷中的演唱可以看作说话,那么说话应该很早就存在了。不管说话是产生于把自然物拟人化的过程之中还是产生于祭祀过程中,它都是很久之前由人类创作并通过说唱流传下来的一种形式。

　　韩国现存最早的说话集是《三国遗事》。《三国遗事》记录了三国时期的建国神话和与佛教有关的说话以及民间流传的说话等各种说话,共150余篇。如果没有《三国遗事》,韩国的说话可能早已湮灭在历史长河中了。稗说是高丽末武臣政权时期以文官为中心形成的一种说话形式。郑仲夫之乱发生以后,国家的重要官职都由武人担任,文人只是收集整理民间故事、歌曲的稗官。稗官们收集整理的说话是文献说话中的一种,即稗说类说话。

　　野谈是朝鲜王朝时期开始出现的一种说话。两班士大夫们把自己听说的一些怪诞奇异的故事收集整理成为野谈集,韩国最早的野谈集是柳梦人的《於于野谈》。

　　现代说话集主要是专家们收集整理的资料集。1980年起,韩国精神文化研究院开始在全国范围内搜集口碑文学资料,并把这些资料整理为《韩国口碑文学大系》,其中包括15107篇说话、6187篇民谣、376篇巫歌和21篇其他的口碑文学资料。

　　以说话的具体内容为标准,说话大体可以分为神话、传说和民谭三种。现代社会中,新的神话已经渐渐减少,传说也不像以前那样大量产生,但民谭的产生却不受时代限制,并可以将以前的故事改编为新的故事,所以民谭一直受到人们的关注。过去的神话、传说和民谭中包含着祖先的世界观和生活智慧,对现代社会也有启发。

一、神话

　　"神话"一词出自古希腊语"mythos",指有关神祇与英雄的传说故事;其英语为"Myth",意为想象的或虚构的神灵故事。关于作为文学概念的神话,众说纷纭。目前比较一致的定义是:神话是反映原始先民对人类生殖、万物起源、自然现象和社会生活的认识和探索的语言作品。

　　神话是原始先民在原始社会低生产力和低智力水平的条件下不自觉地运用艺术方式感知世界、认识世界的思维活动的产物。神话固然产生于原始先民与大自然的斗争过程中，但却是以其逻辑思维为心理基础、在特定的社会环境中创出的文化瑰宝。它客观地反映了当时的现实状况，曲折地表述了原始人的情感和愿望，表现出原始先民特有的文化形态和思维方式，是人类智力进化中思维结构上的一个过渡阶段，是一种无法重复创造的原始文化。

　　原始的神话在古代社会有诸多功能，主要表现为可以帮助原始先民达到宗教功利目的的宗教功能，可以在氏族内部确立氏族社会制度、构建风俗习惯、规范日常行为、传承氏族信仰文化的规范功能，可以加强氏族内部的团结的凝聚功能，以及解释自然和社会现象的解释功能。

　　人们并非相信所有的神话。一个氏族的神话对其他氏族而言可能仅是一种传说。而且，人们对神话神圣性的研究往往并不是在充分的条件下展开的，所以神话的范围更加难以确定。事实上，同时具备形式、内容、职能等因素的神话几乎是不存在的。过去曾是神话的，有可能随着时代变迁丧失其功能，而有些传说有可能随着地域的社会功能变化发展为新的神话。为了更好地了解韩国神话，有必要对韩国神话的传承作进一步了解。

　　如果采取广义的视角，韩国的神话遗产是丰富多彩的。《三国史记》《三国遗事》《帝王韵记》《高丽史》《东国李相国集》《世宗实录地理志》《新增东国余地胜览》《揆园史话》《桓檀古记》等史书和许多姓氏家谱、地方的地志类文献中均记载了大量神话，这些神话最初是口传文学，后来由于某种历史原因被记录下来，有些则摘自先前的文献。

　　还有一种是巫俗祭仪时口头传承下来的口碑神话。自 1920 年起，韩国学者开始搜集相关的巫俗史料，向世人展现了韩国巫俗神话的本来面貌。这些叙述性巫歌是祭仪现场口头传颂的活材料，因而具有重要的社会意义与文化价值。

　　按照具体内容的不同，韩国的神话可以分为创世神话、建国神话和巫俗神话。

1. 创世神话

　　创世神话可以说是人类远古先民初具规模的宇宙万物认识论。它的内容较为广泛，从开天辟地、日月星辰的诞生、人类的起源到鸟兽草木缘何而生,几乎包罗了世界万物。创世神话的特点是讲述事物的来源。虽然创世神话充满主观臆想,但它毕竟是人类最初系统探索自然和自身来源的试验,因而具有极其重要的文化价值和意义。

从现有资料来看,世界上大多数民族都有自己的创世神话。但是,各个民族创世神话的遗存状况却大不相同。古代文献中保存下来的韩国创世神话极少,但在口碑神话特别是巫俗神话中可以找到颇为可观的创世神话遗存。它们大体上包括开天辟地、造人造物、诸神争世、洪水故事、日月星辰的起源与调整等,内容较为丰富,故事情节也较为完整,代表作品有《创世歌》《初感祭歌》《天地王本歌》《堂今娘娘本歌》《成造本歌》等。韩国巫俗神话里保存着不少创世神话的故事素材,所以越来越受到各国神话研究者的瞩目。

韩国传统叙事巫歌《创世歌》里有这样的内容:太初无人,天地混沌未分,天上挂着两个太阳和两个月亮。自从盘古氏出现,才把天地分开,以阳清为天,阴浊为地,并立上四根铜柱把地撑起来,天上只留下一个太阳和一个月亮,另外的太阳和月亮分别化作南斗、北斗和大小星座,缀满天空。之后盘古取火找水,造出男女。这时,从阴森、潮湿的地方跑出一个释迦,要管理这个世界。从此人世间的一切罪恶开始滋生和蔓延。这篇叙事巫歌一方面塑造了神格化的英雄,另一方面又糅合了巫术等原始宗教思想,表现出一种屈服自然的消极倾向。

韩国天地开辟神话中还有解释大地、山河、海岛由来的故事。一则巨神老妪造海岛的神话,称老妪用自己的裙子兜起一座座山,运到海里填造成济州岛,撒下的土块儿变成岛上大大小小的山峰和丘陵。这位老妪巨大无比,能用她的身体盖住整个济州岛,头枕汉拿山,脚直接伸到海里踩水玩耍。老妪曾向当地百姓许下诺言:如果百姓肯给她做一条大裙子,她就用自己的双腿在岛屿和陆地之间架一座大桥。但老百姓凑上九十九匹缎子,才只够为她做一条衬裤,因此巨人老妪不肯完成架桥工程。另一则关于巨神老头造山河的神话说,由于巨神老头太高大,身影长达几百里,有碍农事,所以被放逐异域。在遥远的路途上,这个老头吃了很多很多的土,喝了很多很多的海水,结果腹泻走不动了,他排泄的泥土和海水变成了长白山、鸭绿江、图们江等大大小小的山河水系。这些神话中的巨神已经不是至高无上的上帝,而是与人类讨价还价或被放逐驱遣的形象,反映了农耕时代的劳动生产意识。

　　2. 建国神话

　　建国神话是与国家创立始祖相关的神话。朝鲜半岛上传承至今的建国神话有古朝鲜、高句丽、新罗、迦倻等国相关始祖的神话。这些神话资料在文献中均有所记载，被视为韩国最悠久、最重要的神话资料。建国神话也称作"国家神话"或"民族神话"，但由于涉及到的主要是建国始祖，所以一般称为"建国神话"或"建国始祖神话（国祖神话）"。

　　国家形成时期的建国神话与青铜器时代、新石器时代的建国神话有很大差异。此时部落间交往频繁，开始相互联合形成盟国，王的权力得以确立，国家秩序开始形成。韩国的建国神话正是为确立国家秩序而形成的。王作为国家统治者的时代，为树立王的神圣性而形成的神话具有浓厚的政治色彩。

古朝鲜建国神话

　　古朝鲜的建国神话可以追溯到公元前 2000 年左右的古朝鲜檀君神话，收在《三国遗事》第一卷的"纪异"中。此外，十三世纪高丽李承休的《帝王韵记》《应制诗注》和《揆园史话》等文献中也有类似记载，其内容如下。

　　天神桓因得知庶子桓雄想下凡，于是选定三危、太伯两地，并赐桓雄三个"天符印"作为上天神仙的标志。桓雄率领三千人降到太伯山顶（即今朝鲜妙香山）的一株神檀树下，建立"神市"，自称"桓雄大王"，设置"风伯""雨师""云师"等官职主管农业、疾病、刑罚、善恶等三百六十余事。时有一熊一虎，来到桓雄大王面前，请求大王把它们变成人。桓雄大王给它们一束艾和二十头蒜，让它们吃下去，并告诉它们："吃了之后要躲藏起来，一百天之内不能见阳光。"熊照办，最后变成了女人；虎没有照办，未能变成人。熊变成的女人没有配偶，就去祈求桓雄大王。桓雄大王同她结婚，生下王俭，即檀君。檀君是古朝鲜的开国君王，在尧五十年即位，定都平壤，在位一千五百年，后隐居阿斯达为山神，寿一千九百零八岁。

　　这一故事反映了韩国父系氏族公社时期的社会现实与历史意识。一方面，它把檀君的父亲说成天帝的儿子，反映了古人的敬天思想；另一方面，把檀君的母亲说成熊女，给动物赋予人的灵魂，体现了对熊图腾的崇拜。古朝鲜人尚不能把自己同自然作任何区别，以为周围的自然物同自己一样有思想、有感情、有灵魂。出于这种万物有灵的观念,他们把动物视为自己的祖先并加以崇拜,这同古代东北亚诸族中对熊、虎的图腾崇拜有一定关联。这一神话的核心内容是天上的桓雄与地上的熊女相结合,在这"天父地母"的神圣结合中诞生了神人檀君。檀君最终成就伟业,创建了古朝鲜,并在死后成为山神。"天父地母"的神圣婚姻在其他神话中也很常见,可以说是韩国神话的典型内容。

高句丽建国神话

公元五世纪高句丽广开土王的陵墓碑文及《三国遗事》中都记载了高句丽开国君王朱蒙的传说,十三世纪高丽著名诗人李奎报根据这一题材写成长篇叙事诗《东明王》,描绘了朱蒙祖先的身世及其创造高句丽王国的艰苦过程。这一建国神话在我国《后汉书·东夷传》《魏书·高句丽传》和《朝鲜史略》中都有记载,内容大同小异,详略不等。李奎报《东明王》根据今已失传的朝鲜《旧三国史》编写而成,其内容如下。

天帝之子解慕漱自天而降,用神法变出宫殿,引诱河伯的女儿柳花出水嬉戏,与之定情。柳花因此遭到河伯的严厉惩罚,但不久为东扶余国王金蛙王所救,成为宫女。后来,柳花产一卵,卵破而朱蒙出。朱蒙长大以后,十分善射(扶余语谓善射者曰朱蒙),才能出众。为防备金蛙王及其太子的迫害,朱蒙逃往南方淹滞(鸭绿江北),在这里得到龟鳖之助,渡江到费流水(今浑江)畔的纥升骨,建立了自己的国家——高句丽。

与《檀君神话》相比,这一神话的情节更为曲折复杂,出场人物众多,舞台广阔。同《檀君神话》一样,解慕漱和柳花也是"天父地母"的结合。高句丽神话具有更浓厚的英雄史诗色彩,具有"天父地母"高贵血统的朱蒙因是卵生惨遭抛弃,在成长过程中遭遇了众多的危机与考验,凭借自身非凡的能力与超自然的外界帮助才得以逃脱虎口,并最终完成了开国伟业。

通过《东明王》神话中的一些地名和国名,可以推断出高句丽形成的若干历史过程:东扶余由北扶余分离出来,又分离出卒本扶余(高句丽)。神话中提到的铜宝、金簪、铁网等器物反映出当时的生产力状况。与《檀君神话》相比,《东明王》中的高句丽分明处于比古朝鲜更高一级的社会发展阶段。

新罗建国神话

三国之中的新罗位于朝鲜半岛东南部,始祖是朴赫居世,其建国神话内容如下。

新罗原有六个村庄,其祖先都来自天上。约在公元 69 年,六个村子的祖先率众子弟寻求有资格为王的人。他们发现南边有奇气如同闪电,一匹白马下跪做叩头状,跟踪找去,发现一个青紫色的蛋。把蛋打破以后,一个俊美的童子从中而出。经过沐浴,童子全身光彩照人,鸟兽为之起舞,日月分外明亮,于是给童子取名赫居世。由于蛋和瓢的模样相似,赫居世以"朴(瓢)"为姓。与此同时,水井边有鸡龙出现。鸡龙自胁下产出一个美丽的女孩,女孩嘴唇很长,有如鸡喙,经洗浴,长唇脱落。朴赫居世长到十三岁后娶女孩为妻,两人成为新罗的王和王后。

这个神话隐约反映出血缘相近的氏族公社结合为部落的过程。六个氏族的结合是以和平方式实现的。所谓祖先来自天上的说法,其用意和古朝鲜及高句丽的建国神话相同。

驾洛国建国神话

驾洛国一名伽倻,约存在于二世纪到六世纪之间,位于半岛南端的洛东江下游,是一个疆土不大的国家。驾洛国也有自己的建国神话,其内容如下。

驾洛有九"干(氏族公社的族长)"。一天,从龟旨岭山中发出一种声音,告诉他们天帝派王下凡,要他们唱着《迎神歌》去迎接。歌声中,一条紫色的绳子从天降落,下系一个红布包裹的金盒,盒中有六个金色的蛋。不久,每个蛋中都钻出一个男孩,最先钻出的被称为"首露",首露后来成为驾洛国的王,史称首露王。

首露卵生的过程与朴赫居世很相似,天上垂下的紫色绳子暗示他来自天神界。

新罗和驾洛国的神话属于南方建国神话体系,其中"天降""卵生"及"天父地母"的内容与北方的《檀君神话》《东明王神话》等十分相似。可以推测,韩国人民在狩猎生产实践中观察到飞禽、蛙、龟等鸟类、爬行类从卵中孵化出来,由此受到启示,认为自己的祖先也必定是从卵中诞出,这种逻辑比较合乎原始人类的思维。这些神话同我国上古时代中原地区流传的卵生神话,如简狄吞玄鸟卵而生契等故事也有共同之处。

3. 巫俗神话

巫俗神话也称叙事巫歌。巫歌是韩国民间文学的特殊形态,是巫师在巫俗仪式上唱的神歌,其中叙事巫歌有着完整的故事情节和比较成熟的人物性格。叙事巫歌是巫歌中文学性最强的一类,以四四调的韵律形式讲述众神和各种自然、社会现象的起源故事。因此,二十世纪九十年代以来,越来越多的学者将叙事巫歌看作是韩国口传神话的特殊传承形态,取得了不可忽视的研究成果。

对叙事巫歌的收集研究始于二十世纪三十年代。1930 年孙晋泰发表《朝鲜神歌遗篇》,收录了《创世歌》《成造起源》等叙事巫歌,并作了注释和说明。目前为止韩国收集的叙事巫歌共 100 多种,其中《帝释起源》和《巴里公主》流传最广;咸兴的《创世歌》、济州岛的《天地王起源》具有创世神话特点;此外有特色的还有朝鲜和韩国湖南地区的《七星起源》巫歌、东海岸一带的《沈清巫场》、京畿道的《成造本歌》等。叙事巫歌最丰富、保留得最完整的地区是济州岛,这里除《天地王起源》外,还流传有山神神歌、来生差使神歌《差使起源》等。

叙事巫歌是巫俗信仰仪式上招请神灵的请拜巫歌,每个环节根据请拜神灵的不同选择不同的巫歌。一般认为,叙事巫歌起源于上古时代的"迎鼓""东盟""舞天"等祭天仪式和檀君祭、东明祭、赫居世祭等古代始祖王祭典。叙事巫歌中出现的神有三类:一类是主宰一般自然、人文现象的神,一类是部落守护神,还有一类是家庭或氏族的始祖神。

下面以《巴里公主》和《成造本歌》为例看一下叙事巫歌大致的故事情节。

《巴里公主》的内容是:一个国王有六个女儿,没有儿子。第七个女儿巴里降生时,国王十分生气,让人把她扔掉了。十几年后,国王和王后得了重病,只有吃了来生(地名)的不死药才能救命。巴里公主得知这一消息后,拜见父母,自告奋勇去来生找药。巴里历经千难万险来到来生,服侍巴里的武将成为其丈夫,他们生了七个儿子。得到不死药后,巴里和丈夫、儿子一起回来见父母,在路上遇见父母的丧舆。巴里将药倒进父母嘴里,国王和王后复活了。他们要将王国的一半送给巴里,被巴里拒绝。巴里后来成了巫祖,她的丈夫和儿子也都成了神。

《成造本歌》是关于家宅守护神——成造神的起源故事,有东海岸和首尔两个不同的版本,内容大致如下:木匠黄友阳被玉皇大帝叫到天上修葺宫殿,苏真郎趁机抢走了他的妻子,想娶她为妻。黄友阳的妻子寻找各种借口拖延时间,终于等到丈夫回来,惩治了苏真郎。黄友阳成为成造神,他的妻子成为地神。

不难看出,这些叙事巫歌歌颂的神最初都是很普通的人,因为某种机缘才成为神。在这些巫歌中,超自然的世界在空间上与现实世界相连,可以自由地来往,神的活动舞台也主要是人间。《巴里公主》中,巴里公主为求仙药走了平地三千里、险路三千里、越过海洋,于是到达神界。从内容上看,巫歌在很大程度上受到了佛教、道教等宗教和民间故事、小说的影响,不仅有玉皇大帝、太上老君等道教诸神,还出现了释迦牟尼、观音菩萨等佛教神仙,这些都有别于人类童年时期创造的神话。不能否认,叙事巫歌有上古神话的痕迹,但后世添加附会的内容也占相当的比例。

二、传说

传说是描述某个历史人物或历史事件、解释某种风物或习俗的口头传奇故事。大部分传说有其特定的历史时期和具体的地理空间,由于传说描绘的是发生在特定时间和特定场所的故事,所以为了证明故事的正确性和真实性,往往以客观的历史事件、历史人物或地方风物为根据。

传说不同于神话,它具有世俗性,是人类有意识的创作和讲述,而且讲述的是具体的人和事。它不像神话那样以原始思维为基础,而是以具体历史事件和实际物态为创作基础。

传说也不同于民谭。传说的讲述者总是努力让人相信传说的真实性;它总是和特定的事物相关,其核心必有证据;传说不受形式限制,具有自由性和可变性;传说总是有具体的时间和空间。

传说中的人物、事件、古迹、风物、习俗等属于特定的区域,因此传说流传的范围也大致由这一特定区域框定,每个传说流传的地域或范围叫做"传说圈",这也是传说的一个特点。

传说最突出的特点是与特定的自然或社会事物相关联,以明确的人物、地方、史事、风俗、自然物或人工物为对象,创造多种多样的故事。根据对象的不同,传说大致可以分为人物传说、历史传说和事物传说。

1. 人物传说

人物传说主要是历史著名人物的故事。著名人物通常有为人们热衷讲述的事迹,传说就是对这些事迹的夸张和宣扬。韩国有关于姜邯赞、金庾信、李舜臣等名臣的传说,也有关于崔致远、徐敬德、李滉、李珥等文人学者的传说,另外还有关于民间奇人异士的传说,例如道诜、四溟大师等高僧以及南师古等风水先生的故事。这些人物传说往往与历史上的记载有所不同,但却有其合理性,与单纯以娱乐为出发点的民谭有着本质的区别。

传说中的人物一般都有奇异的出身和神奇的人生经历,韩国传说中出身最奇异的人物要属姜邯赞,传说他是人和狐狸结合生下的儿子。对姜邯赞的传说可以整理如下。

姜邯赞小时候就发现了狐狸化身为新郎的事情,从而避免了父亲朋友家的一场灾难。他本来是一位举世无双的美男子,但他认为长得太出色不能成就大事业,于是就让麻神在他脸上刻下许多麻子,成为一个奇丑无比的麻脸大汉。此外,他还把三角山伤害生灵的虎群赶出国家,消除了虎患,并使用法力停止了荷花池的蛙声,使其不能妨碍人们睡觉。

这里展现出的是一个拥有超自然能力并利用这一能力来造福人类的英雄人物,当然,这些内容都不是真实的。姜邯赞是高丽时期的名臣,由于在归州大捷中击败格尔安的十万大军而被认为是"超人"。

另外,月溪秦座首的传说也很神奇。月溪秦座首小时候在去学堂的路上碰到一个姑娘,两人拿着珠子玩耍,过了几天,秦座首越来越瘦。他的老师认出那个姑娘是只狐狸,告诉秦座首下次接到珠子后吞进嘴里,先看一下天地再看人。秦座首听了老师的话,但顺序颠倒了:先看人后看天地,所以他对天地一无所知,而对人却无所不知,后来成为一代名医。

2. 历史传说

历史传说主要是关于重大历史事件的传说,多是将某一历史事实改编而成,其传播者必须具有一定的历史基础知识。历史传说往往以国家或地方的英雄为对象,但其中也有很多无名人物。

历史传说用生动的语言表现历史的本质,全面反映了人民群众的意识形态。当然,传说作为历史口碑文学,在许多细节上具有艺术虚构性,大量运用幻想夸张手法,其真实性主要在于反映历史事件本质的真实和反映人民群众历史观的真实。

3. 事物传说

事物传说包括关于自然物体的传说和关于人工物体的传说。自然物体主要指山河、湖水、岩石、动植物、树木等，人工物体指寺院、石塔、桥梁、书法、绘画、雕塑等建筑物或艺术品。人工物体的传说大部分是关于这些建筑物或艺术品制作过程的故事，事物传说是对某一地方人工或自然景物形象的一种想象性叙述。韩国广为流传的《莲子池传说》是一篇说明荷花池由来的自然物体传说，其内容如下。

从前有一个富有的老头，他拥有数千石的粮食，却非常吝啬。一年夏天，佛陀山的一位得道高僧听说了关于这个老头的事情，就想惩戒他一下。高僧敲着木铎去老头家化缘，老头大喊："没有粮食！快点滚！"高僧丝毫不动。老头非常生气，抓起一把牛粪扔到高僧的钵里。他的妻子看到这一幕很不忍心，偷偷给了高僧一些粮食。高僧告诉她赶紧带点贵重的东西逃到佛陀山上去，不要回头，这里将发生大的灾难。妻子逃到半山腰的时候，突然乌云密布、电闪雷鸣，刚才的家顷刻之间陷落成为一个荷花池。老头的妻子忍不住回头看了一眼，顿时变成了一块石头。

在这个故事中，高僧和老头分别代表了善和恶、理想和现实，而介于他们之间的妻子形象则代表了中间者的立场，想要追求其他价值的存在。

《姐弟较劲》是韩国广为流传的一种传说类型：姐弟之间存在矛盾，于是比试力气，姐姐本来可以赢弟弟，但是由于母亲的不正当干预导致姐姐失败，姐姐因此含冤而死，弟弟因此悲伤不已、自杀身亡，母亲也跟着儿子自杀。这种传说的结局一般非常悲惨，多以失败者为中心，体现了对现实中不合理秩序的反抗意识。

《少年将军》也是在韩国各地广为流传的代表性传说，主要讲述一个少年将才由于其父母的懦弱愚昧遭到杀害的悲惨故事。少年将军一出生就能在空中飞行，其父母见后非常震惊害怕，于是将其杀死。少年将军死后，一匹龙马从地下钻出，跳蹦一番后就死去了。这个地方从此被命名为龙马峰。这也是一个悲惨的故事，揭示了封建君主专制统治下有志之士得不到重用的不公现实，反映了广大人民的愤慨之情。

三、民谭

民谭又被称为"民间说话""民话""古老的故事"等,主要以日常生活为题材,描述日常生活中普通民众的故事,在民间传播。狭义的民谭只是说话的一种,它有着区别于神话和传说的特征:神话和传说都是在历史的范畴中,与历史紧密相连,而民谭却有脱离历史的倾向;传说注重事实,神话强调神圣性,而民谭是完全虚构的故事;神话和传说都会列举证据来证明故事的真实性和客观性,而民谭完全是主观叙述,带有明显的主观色彩;民谭中的人物既不是神话中像神一样伟大的人物,也不是传说中克服重重难关、惊天地泣鬼神的英雄,而是现实生活中不依靠任何力量、只凭偶然的幸运或用平凡的智慧解决困难、开拓命运的人物。基于以上特征,不同于严肃的神话和传说,民谭的氛围通常是轻松幽默的。

民谭存在的意义首先在于其娱乐性,但民谭的存在并非只是为了娱乐,其存在的另一个意义在于反映民众的生活和梦想。民谭在反映民众生活的同时也与民众生活有一定反差,它们是想象的故事、他人的故事、过去的故事,在很多层面上脱离了口传者的生活,亦即脱离了对现实的理解。民谭不是客观存在的,因而人们可以自由地、毫无私心地对它进行创造。与现实形成的反差恰恰是民众意志的体现,表达了民众的愿望。

由于民谭是虚构的想象性文学,根据幻想的展开方式,可以将其分为幻想民谭、喜剧民谭和现实民谭。三种类型的民谭分别反映了民众不同的生活和梦想。

1. 幻想民谭

幻想民谭的显著特点是富于幻想,故事中经常出现仙女、山神、妖怪等拥有超能力的人物以及到地府游历、狐狸和蛇变成人、老虎像人一样说话等场景。其内容简单明了,人物善恶分明,情节曲折起伏、引人入胜,且富于教育意义,通过幻想表现人民的传统美德、创造精神和大智大慧,包含着各种生活和斗争经验。韩国幻想类的故事有《樵夫和仙女》《求福旅行》《金斧子银斧子》《猫狗寻珠记》《虎尾垂钓》《老虎和兔子》《钵里公主》《唐锦孩童》等。其中最具代表性的是《樵夫和仙女》。在韩国,这一传说的结尾有两种形式,一种是公鸡起源型,一种是升天团圆型。故事大致如下。

一位善良的樵夫救了一头小鹿,作为报答,小鹿把仙女洗澡的时间和地点告诉了樵夫,让他把最小仙女的仙衣藏起来,同时警告他在第三个孩子出生前一定不能让仙女看见仙衣。樵夫来到湖边,藏起了最小仙女的衣服,仙女没有仙衣无法升天,只好嫁给了樵夫。婚后,两人过着幸福的生活,生了两个孩子。樵夫忘记了小鹿的嘱咐,把衣服还给了仙女,于是仙女带着孩子飞上了天。在小鹿的再次帮助下,樵夫坐着吊桶上天和妻子团聚,玉皇大帝为考验樵夫,把三支箭射到人间,让樵夫找回来。樵夫找回了箭,得到玉皇大帝的允许,重新和仙女幸福地生活在了一起(一说为樵夫回到人间见到了母亲,于是没能升天,变成了公鸡)。

这是一则讲述贫穷善良的樵夫和高贵神圣的仙女在动物帮助下喜结良缘的故事。故事的结构为"贫穷——试图解决——解决——违反禁忌——离别——试图解决——解决(或失败)",情节跌宕起伏,引人入胜。

《樵夫和仙女》的故事以平凡的日常生活为出发点。在贫困中孤独生活的樵夫代表了极其平凡的普通民众,通过与小鹿的相遇,樵夫得以同天上貌美如花的仙女结婚,反映了普通民众的绮丽梦想。故事实现了现实中不可能实现的愿望——樵夫和仙女在天上过着幸福美满的生活。但是,并非所有的结局都尽如人意,仙女返回天上、樵夫忧郁苦闷的情节将故事重新拉回现实,很多版本的最后结局是樵夫变成公鸡、梦想被粉碎。虽然这是真实生活的写照,但仍有些版本按照民谭的一般方式把结局完美化,让主人公克服重重磨难后最终实现梦想。带有童话性质的幻想民谭的主题大多是在贫困中追求幸福并最终获得幸福。

寓言故事表现生活的方式多少有点不同,通常是以幻想为基础,用象征、比喻来说明某种生活经验的教训。以《虎尾垂钓》为例:老虎抓到一只兔子,正要将兔子吃掉,聪明的兔子告诉老虎说用尾巴可以钓到很多鱼。老虎把尾巴浸到湖水里,湖水结了冰,把老虎的尾巴冻住了,兔子趁机逃跑,人们发现了老虎,打算杀死它,老虎只好忍痛挣断尾巴逃走了。

这一寓言中,老虎代表了欺凌弱者的强者形象,兔子则代表了与强者斗智斗勇的弱者,寓言暗示了上层权利阶级和一般民众之间的社会矛盾,体现了一般民众不畏强权、勇敢反击的信念和意志。

2. 喜剧民谭

喜剧民谭是带有喜剧色彩、引人发笑的故事,篇幅通常较短小,是口头的讽刺幽默小品,一般情况下被称为"笑话"。《傻子女婿》《爱放屁的儿媳》《我的病好了》《健忘的人》《瞎子丈夫和聋子老婆》《寡妇和长工》等都是韩国喜剧民谭中的代表作。从整体来看,这一类型大部分是白痴类的故事,此外也有部分机智巧妙地戏弄人的故事,还有一些荤笑话和语戏等形式的民谭。喜剧民谭的主要目的是娱乐民众,例如下面这则故事。

有一个姑娘嫁了个傻子丈夫。一天,姑娘听说父亲要过来看她,怕父亲知道丈夫是傻子,于是提前告诉丈夫见了父亲应该怎么说:姑娘在厨房敲一下钟,就说"岳父可好?"再敲一下,就说"小舅子也好?"敲第三次钟时说"我给您行礼了。"教了很多遍,傻子终于学会了。岳父来后,傻子照样行事,岳父很高兴。姑娘觉得没问题了,就出去买菜了。厨房里的小狗觉得钟好玩,把钟碰响了,傻子忙说:"岳父可好?小舅子也好?我给您行礼了。"小狗一个劲敲,傻子就一个劲行礼,岳父问怎么了,傻子回答:"妻子说钟响的时候就要给岳父行礼。"一边说着还一边行礼。

这样的故事目的单纯,就是为了娱乐,如果非要找出其中蕴含的意思,也只能是"对人类愚蠢行为的讽刺",其实,这样的表述并不恰当,因为这类故事只求做到让人开怀大笑。笑本身就是一种生活方式,不管故事中蕴含着什么意思,笑本身就能使生活充满活力。特别对于处于贫困阶层的劳动人民来说,笑更具有特殊的意义,可以给艰辛的生活带来一丝欢乐,注入一点活力。

可以说,喜剧民谭中的荤笑话最具有这种作用。荤笑话是以性为主题的笑话,它以男女之事为素材,将不登大雅之堂但人人感兴趣的话题用笑话的方式表述出来。荤笑话最主要的功能并不是宣泄性的欲望,而是用一种轻松的方式让人享受到宣讲难以启口的话题的快感。《我的病好了》就是荤笑话的代表:一对老夫妇有两对儿子儿媳,生活和睦。一天,老婆婆生病了,江原道的一个名医给她开了一副药,让她放入粟子穗熬,家人听错了,以为要用男子的阳物熬。大儿子说切掉自己的,大儿媳却急了,说还没生出儿子来呢;小儿子说用自己的,小儿媳不高兴了,说刚结婚就没有那个的话没法活了;这时老头生气了,干脆说用自己的,老婆婆一听,"蹭"地站起来说:"我的病好了。"

有些笑话并不单纯以笑为目的,而是通过笑料反映某种社会现实、表达某种思想感情,其中最具代表性的是《鬼点子长工》:主人和长工一起进城,去之前主人吓唬长工说城里人专门割人的鼻子。长工担心鼻子被割掉,就把脸遮住,结果不留神被人把东西偷走了。主人很生气,在他背上写上"长工一回到家就马上杀掉"的字。长工回家途中救了一位僧人,僧人为报答他,把他背上的字改为"长工一回到家就把女儿嫁给他"。长工回到家,地主的家人看到字,只好把女儿嫁给了他。主人回到家一看更生气了,想把长工投到河里,长工又巧妙地躲过了这一劫,并告诉主人龙宫邀请主人一家去做客,主人听了很高兴,携家人一个个跳到河里,都被淹死。长工留住主人家女儿,和她结了婚。

这则笑话包含着很多荒唐的内容,令人捧腹大笑。但其目的不只是为了把人逗笑,更重要的是揭示了某些现实矛盾。故事中的主人和长工的关系代表的是现实生活中强者和弱者的对立关系。主人愚蠢笨拙,下人聪慧机智,主人想要利用他的地位和文化置长工于死地,却陷入困境之中。笑话实际上讽刺了愚蠢的统治者的荒唐作为。

3. 现实民谭

现实民谭以描写现实生活中民众的各种生活为主要内容,这类故事并不注重幻想性和喜剧性,而是以现实可能性为基础。这类故事的内容非常丰富,通常歌颂勤劳智慧、嘲笑迂腐。韩国代表性的现实民谭有《爸爸的遗言》《婆婆调教的儿媳》《飞黄腾达的小女婿》《肃宗大王微服私访记》《乡巴佬和城里人》《死者生孙之地》《冤家朋友》《胜过亲生女儿的养子》等。现实民谭的文化观念包含两个层面的内容:一是接近生活实际的层面,其内容反映了民众对现实生活的认识和思考;另一个是与现实形成反差的层面,民众在创作民间故事时可能会营造一个虚拟的空间寄托自己的欲求,这个空间并不是凭空想象的,而是一种基于现实生活的创造。

现实民谭主要描写民众的现实生活,虽然是编造出来的故事,却以现实可能性为基础,并不完全是想象的产物,其主要特点如下。

首先,现实民谭通常以家庭生活为素材,描写日常生活的一面。《听话的家人》就是其中的代表,故事大致如下。

从前有两个财产差不多的朋友。后来,其中一个财产越来越多,另一个却过得不怎么样。过得不太好的朋友问过得好的朋友其中的秘诀，朋友邀请他来到自己家，让儿子把小牛牵到屋顶上去，儿子很听话地做了；让儿媳跳舞，儿媳果真在客人面前跳起了舞。过得不好的朋友回到家，也同样吩咐儿子儿媳，受到了儿子和媳妇的嘲笑。他从此明白了朋友家过得好而自己家过得不好的原因。

这个故事通过两个朋友的对比，得出了一个家庭取得幸福的方法，即家庭成员不能违背家长的意思。这可以理解为对封建家长制的诠释，通过虚构的故事让人们重新审视自己的生活。

其次，现实民谭中不只有平凡的故事，还有一些令人难以相信的奇异故事。例如《短命少年遇到大臣女儿后出人头地》：有一个叫旧鹤的少年，三代单传，非常聪明。一个高僧看到旧鹤，说他短命，他父亲就问高僧解决的办法。高僧说必须去城里见一个大官的女儿才行。于是旧鹤就去了城里，见了大官的女儿，旧鹤讲了自己的故事，大官的女儿决定帮助他。当晚来了一个鬼，要带旧鹤走，被大官的女儿赶跑了。不久，大官的女儿又偷了科考的试题给旧鹤，旧鹤因此中榜，并成为大官的女婿，最后活到很大年纪。

这是一则成功地改变命运、追求幸福的故事。故事情节神奇，但并没有脱离现实可能性。它以命运天定为前提，同时认为命运可以改变。故事中的主人公不是坐以待毙、等待命运的宣判，而是积极改变自己的命运，终于过上了幸福的生活。

最后，现实民谭还刻画了时代变迁的生活面貌，最具代表性的例子是《朴文秀和有钱的庶民》：一个有钱的庶民帮助邻国度过了一场危机，为报答他，邻国任命他为座首。对此，两班大臣极力反对，于是庶民便谎称自己是朴文秀的堂叔。朴文秀听说后去找他，他连忙道歉，说了自己的苦衷。于是朴文秀决定帮助他，以让别人相信他是两班。庶民为报答朴文秀，给了他很多钱。这事被朴文秀的弟弟知道了，就去杀庶民。庶民把他当神经病关了起来，朴文秀的弟弟受不了苦，只好认庶民为堂叔，于是庶民给了他一些钱，把他放了。

这则故事中值得注意的是"富有的庶民"，富有庶民的出现反映了朝鲜王朝后期身份等级的变化。这则故事的传播者支持庶民提高自己身份的举措，两班朴文秀也认为这种行为是合理的，朴文秀的弟弟代表反对变化的保守派，其失败暗示改革的最终胜利。

第二节　民　谣

民谣是民众直率地抒发情感的歌谣。在韩国,"民谣"一词最早出现于二十世纪初,此前它被称作"俗曲""杂歌""俚谣"。作为人民生活中自发产生的艺术形式,民谣带有很强的民众色彩。它为民众所创造,作者无从得知;以歌的形式唱出来,通过口口传承,带有音乐和文学的双重性质;其基础是现实生活,且带有很强的乡土性。

直接源于人民生活的民谣,在人民的生活中也发挥一定的作用,其主要功能是协调众人的劳动步调。例如,用脚踏臼春米至少需要两人才能完成,一起踏臼的人必须上下动作一致才能提高效率,因而便产生了协调上下动作的"臼打令"。在这种情况下,民谣具有协调劳动动作的指示功能。此外,民谣还有一种辅助功能,即激发人们的兴趣、造成一种兴奋的心理状态,以此减轻劳动过程中的痛苦和烦躁。仪式谣是人们向神祈福、为神而唱的颂歌,作为仪式的一部分,具有其实际功能。葬礼上抬着棺材边走边唱的《挽歌》可以协调众人合力运送棺材时的步调,也可作为死者同家属的最后的告别。在许多人聚在一起边做游戏边唱歌的情况下,游戏谣具有指示游戏动作的功能。

民谣最大的价值在于它真实地反映了韩国人民的生活和情感,没有哪种艺术能够像民谣那样如实地反映出整个朝鲜民族的情感。从民谣中可以发现韩国人在某个时期的思想,并进一步总结出韩国人民的民族特点。韩国民谣中体现了韩国人的浪漫主义思想、爱好和平的思想、宿命思想、虚无思想、忠孝思想、逐鬼召福的巫觋思想、劝善惩恶的佛教思想、逃避现实向往自然的道教思想等,体现了朝鲜民族的乐天、积极、顺从、隐忍、淳朴、重视情谊义理、享乐、勤勉等特点。

韩国文献中出现民谣的历史还不到两千年。民众为迎接帝王而唱的《迎神君歌(驾洛国歌)》为共同创作,并伴有歌曲和身体动作,具备民谣的特征。与《迎神君歌》同属一类的《海歌词》是民众为救出水路夫人、边拍击海岸边唱的歌,它也可以看作是民谣。此外,新罗时期乡歌中的《风谣》和《薯童谣》、《三国史记》中记载的《鸡林谣》、《三国遗事》中记载的《完山谣》、高丽俗谣中民谣色彩浓厚并伴有民俗功能的《处容歌》以及兼有月令风俗的《动动》和《郑石歌》等也都属于民谣。朝鲜王朝时期，民众继承并发展了民谣，使得民谣内容更为丰富、形式更为多样。

最初一些人出于爱好开始搜集民谣，新罗的《三代目》可能是最早的民谣集，现已佚失。《三国遗事》对于民谣的整理具有重大意义，《高丽史·乐志·俗乐条》中也收录有很多民谣。高丽时期著名文人李齐贤热衷于搜集民谣，其《小乐府》中收录有当时流行的 10 首汉译民谣。朝鲜王朝建国初期，统治者十分重视民谣的搜集，试图从中找到治民的得失，客观上对民谣起了保护作用。《世宗实录》中有记载民谣搜集的必要性和搜集方法的礼曹计划，并有世祖去江陵时从农夫中选拔唱歌好的人赐予奖赏的记录。朝鲜王朝后半期出现了《青丘永言》《海东歌谣》《歌曲源流》等歌集，里面虽然大部分是时调，但也不乏辞说时调和民谣。此外，在《芝峰类说》《海东野言》《於于野谈》等个人文集中也能找到民谣的相关记载。当时的小说、盘瑟俚等作品中也夹有许多民谣，对于研究民谣史有很大帮助。

二十世纪三十年代韩国的民族文化运动以及对民俗的调查研究促使更多的人开始全面准确地搜集整理民谣，取得了丰硕的成果。金素云的《朝鲜口传民谣集》，林和的《朝鲜民谣集》，金思烨、崔常寿、方锺铉共著的《朝鲜民谣集成》，成庆麟、章师勋共著的《朝鲜的民谣》，高晶玉的《朝鲜民谣研究》，秦圣麒的《南国的民谣》，任东权的《韩国民谣集》，金荣敦的《济州岛民谣研究》，成均馆大学的《安东文化圈学术调查报告书》《韩国民俗综合调查报告书全南篇》等都是对民谣进行搜集整理的文献成果。

一、民谣的分类

韩国民谣众多，其分类如下图所示：

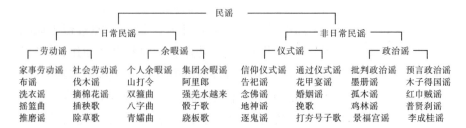

劳动谣是劳动过程中所唱的民谣,其内容与劳动有直接关系,主要歌唱劳动对象和劳动工具、劳动的苦痛、收获的喜悦等。

余暇谣是人们游戏或休息时所唱的民谣。人不可能只是劳动,尤其体力消耗造成的疲劳和痛苦更需要用一定的休息来缓解。余暇谣大多是娱乐性的,咏唱男女之间的爱情。

仪式谣主要分为信仰仪式谣和人生礼俗谣。信仰仪式是向神表示诚意、接受神托的行为,信仰仪式谣是表达的最主要手段,核心内容是辟邪进庆;人生礼俗是人必须经历的周岁、成年、婚姻、花甲、死亡等仪式,人生礼俗谣的主要内容是庆祝和安慰。

政治谣是无法直接参与政治的民众表达自己对政治的想法和意见的民谣,包含了民众的政治意识。它可以看作一种舆论,所以统治者曾通过收集民谣来改进统治方法。政治谣的主要内容是批判和讽刺政治现实、预言未来的政治事件、宣传鼓动民众等。

二、民谣的修辞与演唱方式

1. 民谣的修辞

民谣的修辞技巧主要有反复法、对句法、隐喻法、直喻法、比较法、独白、谐谑等。

反复法

反复法是指用重复的形式突显作者想要强调的内容。反复是诗歌文学中经常使用的手法,通过重复核心的简短词句来重点表现作者的情感。民谣使用的反复法主要有语汇反复、句反复、行反复、余音或副歌反复、章反复等。

民谣根据有无副歌可以分为单章体和连章体两种形态。集体合唱的民谣多为有副歌的章连体民谣。在章连体民谣中,章连体民谣的各章利用副歌的反复进行强调,副歌是使唱歌一致的信号,或者旨在激起人们的兴趣。章连体民谣如果没有副歌就无法成歌,由此可见副歌的重要。

个人单独唱的民谣大都是抒发个人的感情,多为无副歌的单章体民谣。单章体民谣主要使用词汇反复、余音反复、句反复、行反复等。

词汇是构成民谣的最基本要素,在提高作品的艺术性上起着决定作用。民谣选词既要简单易懂,又要富含各种意义。单章体民谣则多通过词汇的反复起到强调的作用。

> 头发呀头发呀,黄色的头发
> 何时长大,陪我看电影
> 一天能长大,两天能长大
> 慢慢长大,陪你看电影

民谣中的余音模仿乐器的声音,带有感叹的意思。余音的反复能够激发唱歌的兴致,同时位于行末或章末的余音反复也是进入到下一章的信号,起到使歌曲持续连贯的作用。

> 种吧,种吧
> 要整齐横着地,种吧
> 种吧,种吧
> 大蒜要横着地,种吧

这一民谣通过行末余音的反复辅助表现了作者的感情,同时对作者的想法作了强调。

对句法

对句法对照两种相关现象,以进一步强调其相近或相反的意义,从而加强诗语言的表现力和形象度。

> 十五的月亮在云中游玩
> 二十的孩子在怀里耍闹

这种对句法在民谣中经常使用,相当于诗歌的"起兴"。

隐喻法

隐喻法经常出现在政治谣或劳动谣中,常在无法直接表现描述对象时使用。

> 癞蛤蟆呀,癞蛤蟆
> 你的背上怎么成这样了
> 全罗监事太好色了
> 身上才会有如此多的疮痍

这里的癞蛤蟆指贪官污吏,由于不能直接批判官吏,于是借动物来讽喻。

2. 民谣的歌唱方式

民谣的歌唱方式主要有先后唱、轮唱、独唱和合唱等几种。先后唱和轮唱中也包含独唱和合唱部分。

独唱的民谣主要是没有副歌的单章体民谣。

先后唱通常是先由一个领唱人唱歌词、然后众人接唱民谣副歌,或者由众人重复唱先唱者的曲调。先唱者唱的歌词可以是之前传下来的,也可以是自己即兴创作。有副歌的连章体民谣多采用这种方式,例如《除草歌》《挽歌》《强羌水越来》等。

轮唱是两个以上的人轮流演唱的方式,章连体民谣多用轮唱法演唱,代表民谣有《阿里郎》《倡夫打令》《新高山打令》等。

三、代表民谣——《阿里郎》

《阿里郎》是朝鲜民族最具代表性的民谣,经辗转传唱在形式上有了众多变异,但其基本内容不外乎两种:一种歌唱爱情,一种反映韩国人民在日本帝国主义侵略时期的悲惨遭遇和反抗精神。

封建末期创作并流传下来的各种《阿里郎》大部分以爱情作基调,反映了少妇们对郎君的依恋之情和对远走他乡的郎君的嗔怨。

> 看看我吧,看看我吧,看一看我,
> 如腊月欣赏梅花意义,看一看我。
> 阿里阿里郎,斯里斯里郎,阿拉里哟,
> 我的郎君翻越那高高的山岗。

恩爱郎君回到家里,人来客往难致意,
抿嘴咬住小围裙,掩不住内心欣喜。
阿里阿里郎,斯里斯里郎,阿拉里哟,
我的郎君翻越那高高的山岗。

篱笆外传来了小伙子深情的笛音,
姑娘她汲着水轻声叹息心神不定。
阿里阿里郎,斯里斯里郎,阿拉里哟,
我的郎君翻越那高高的山岗。

忘记他,忘记他,赌咒发誓把他忘记,
窗外三更细雨时哟,又把他想起。
阿里阿里郎,斯里斯里郎,阿拉里哟,
我的郎君翻越那高高的山岗。

开满世间的鲜花姹紫嫣红,
我心中绽放的花朵艳丽香浓。
阿里阿里郎,斯里斯里郎,阿拉里哟,
我的郎君翻越那高高的山岗。

不怕千里迢迢,不怕万里遥遥,
惟愿伴随郎君,走遍天涯海角。
阿里阿里郎,斯里斯里郎,阿拉里哟,
我的郎君翻越那高高的山岗。

你更漂亮?我更标致?究竟谁俊俏?
两心相倾慕,相貌都姣好。
阿里阿里郎,斯里斯里郎,阿拉里哟,
我的郎君翻越那高高的山岗。

我一旦去到黄泉,谁会放声痛哭?
只有后山松树上的蝉儿啼个不停。
阿里阿里郎,斯里斯里郎,阿拉里哟,

我的郎君翻越那高高的山岗。

以上为《阿里郎》歌谣群中具有代表性的《密阳阿里郎》歌词全文，综述了封建时代韩国人民在爱情生活中的喜悦和悲哀、理想和愿望，成功地塑造了当时的妇女形象。

爱情生活中的离别不仅造成了封建时代妇女们的悲苦命运，久而久之也激起了她们对久去不归的负心汉的不满情绪。有的《阿里郎》直接表现了这种悲愤交加的情绪。

郎君他抛下我远走他方，
走不出十里地脚会受伤。
阿里郎，阿里郎，阿拉里哟，
阿里郎，翻越过那个山岗。

1910 年，朝鲜半岛沦为日本人的殖民地，此后的《阿里郎》反映了日本帝国主义侵略下不合理的社会现实，内容上有了更为丰富的发展，形成了《新阿里郎》歌谣群。它集中反映了日本帝国主义制造的苦难，表现了韩国人民的哀痛、愤怒和斗争。

郎君上前方，莫要把他阻挡，
待到凯旋时，情深意更长。
阿里郎，阿里郎，莫要太忧伤，
阿里郎，山岗上红旗在飘扬。

这首《新阿里郎》洋溢着人民的抗日热情和必胜信念，充满了革命的乐观主义精神。

阿里郎在形式上采用章连体形式，大部分都是一节四行，其中本歌和副歌各两行。每一小节又都以副歌为明显的分节，副歌不具有特别的意思，只是依附于歌曲各小节的开头或结尾，形成复杂的和叠咏，起到助兴的作用。每一小节都具有其相对的独立性，也可以说，《阿里郎》的每一小节以其旋律的共同性成为一个歌曲单位。

作为一种民谣，《阿里郎》也运用了反复法、对比法等民谣常用的修辞手法。另外，也可从《阿里郎》中体味到其诙谐性。

这调皮的丫头眼神多巧妙，
双目似闭非闭偷偷把情郎瞧。
篱笆外院墙下小伙子佯装割草，
心眼灵知机变借机把姑娘细瞟。
哎呦呦快松开我的手，
我的手腕像水一般嫩又柔。

这样的诙谐性体现出韩国人民开朗乐观的性格，更增添了《阿里郎》的民谣风味。

民谣是诗歌文学的一种，它和其他诗歌形态一样，离不开韵律。民谣中的音节按一定规律结合、反复或对应，配以节奏，便形成了韵律。民谣的基本韵律有 3.3 调、4.4 调、5.5 调、3.4 调、6.4 调、6.5 调等，《阿里郎》主要是 6.4 调和 6.5 调。

南山上，小草叶，将长未长，
6　　　　　4
郎君的归家信，应来未来。
6　　　　　4
细梳妆，巧打扮，打扮给谁看？
6　　　　　5

第三节　说唱文学盘瑟俚

盘瑟俚（판소리）是朝鲜民族的传统说唱艺术，表演由两人完成，一人根据有故事情节的说唱本进行说唱并配以动作，另一人敲鼓说白伴奏。1964 年，盘瑟俚被韩国列为国家级非物质文化遗产。2003 年，盘瑟俚被联合国教科文组织确定为"人类口头与非物质文化遗产代表作"。

"盘瑟俚"一词由"盘"和"瑟俚"两个语素组成,"盘"有场面、舞台之意,可以引申为圆满的意思,也可以作量词,指有始有终的完整过程;"瑟俚"在韩语中是声音的意思,指天地间万事万物所发出的声响。"盘瑟俚"也就是"凑个场子进行的演唱"的意思。

作为朝鲜民族传统艺术形式的盘瑟俚特点明显。首先,它具有综合艺术性,是将音乐、文学和表演融为一体的综合性艺术,它不仅融合了时调、歌辞和汉诗等文学体裁,还融合了杂歌、打令、挽歌、摇篮曲和民俗信仰谣等音乐歌谣,此外,盘瑟俚的动作还具有戏剧、舞蹈的要素。其次,作为一种口传艺术,形成于十七世纪末十八世纪初的盘瑟俚流传至今,必定会随着演唱者和场所的变化发生演变,于是形成了各个地区不同特色的盘瑟俚唱本,同时带有平民和两班贵族的双重性质。再次,因为表演一段完整的故事可能需要 2 ~ 3 个小时甚至更长时间,所以演唱者将故事分场面表现出来,而不是将故事完整地唱出来。最后,由于盘瑟俚直接反映平民生活,所以流露出平民艺术的性质,特别是讽刺贵族伪善、真实表现平民生活面貌的性质。

盘瑟俚艺术流传于民间,扎根于民众之中,带有浓厚的民族、民俗特色,是一种具有独特艺术风格的长篇史诗性质的说唱艺术。

一、盘瑟俚的历史

1. 盘瑟俚的起源

根据现存的有关文献资料推断,盘瑟俚大约成形于十七世纪末至十八世纪初,即朝鲜王朝肃宗末期和英祖时期。由于盘瑟俚是口头传授的民间、民俗艺术,关于它的起源和变迁,历史上没有留下准确详实的文字记录。关于盘瑟俚的起源问题,目前韩国学术界存在着巫歌起源说、说话起源说、故事起源说和广大笑谑之戏起源说等不同的见解。

巫歌起源说由郑鲁湜提出,在学术界受到了广泛响应。郑鲁湜根据全罗道称男巫为"花郎"这一情况,认为民间艺人是从新罗的花郎发展而来的。另外,盘瑟俚及其艺人的分布区域与巫歌的"希娜禹"地域(韩国的巫歌及民谣有三大分布区域,其中京畿道南部、忠清道、全罗道、庆尚道西部等属于"希娜禹"地域,因该地区巫师所使用的乐曲名叫"希娜禹"而得名)基本一致,盘瑟俚的发声法与巫歌有许多相同的特点,除部分两班贵族出身的艺人外,历史上绝大多数名唱都属于巫人阶层。

说话起源说首先由金三不提出。金三不认为盘瑟俚属于不识字的庶民阶层的艺术,不可能起源于以文字为基础的小说,庶民文学的内容是说话,从说话发展到文学一定有中间媒介,这个中间媒介很可能就是盘瑟俚,即说话→盘瑟俚→平民文学。赵润济主张用"事实"代替"说话"这一用语,这里的"事实"可以理解为"现实中的事"或"文献中记录流传下来的说话"。金东旭则进一步发展了这一学说并将其具体化,认为盘瑟俚是民间艺人在民间流传下来的民俗叙事诗。

故事起源说由林荧泽提出,和说话起源说有相似之处。林荧泽认为韩国在十八、十九世纪就已经存在说书人这一职业,说书人具体分为三大类:第一类为"讲谈师",具有绘声绘色地叙述故事的才能;第二类为"讲读师",即所谓的"传奇叟",定期将熟读小说的人聚集在钟路街上,于故事高潮处突然止住,等待听书的人给予奖赏;第三类为"讲唱师",比讲谈师更具有专业才艺,他们在唱中间夹杂阿尼里唱曲,形成了盘瑟俚的形态,而讲唱师也就成了艺人。一言以蔽之,林荧泽认为讲唱师把讲谈师所讲的故事用唱表述出来、最终发展成了盘瑟俚。后来,讲谈师所讲述的内容被用汉文短篇记录下来,而讲唱师所唱的内容就成为盘瑟俚体系的国文小说,由此形成"故事→盘瑟俚→盘瑟俚体系小说"这样一个公式。

广大笑谑之戏起源说试图从艺人管理制度中寻找盘瑟俚的源头。朝鲜王朝时期,为参加王宫一年一度驱逐邪恶、祈祷平安的盛典——傩礼,巫师家族的巫师们组成全国性的演艺人集团——神厅,由神厅组织全国性的戏曲表演,叫做"广大笑谑之戏"。有人认为,在全国各地的民间艺人争相表演"笑谑之戏"时,有人把巫歌音乐和民间流传的各种民间故事编汇成长篇歌曲来演唱,盘瑟俚由此产生。

以上几种盘瑟俚起源说分别从不同的视角和层面对盘瑟俚的起源作了探讨。另外,也有人认为盘瑟俚受到了中国说唱艺术的影响,但是作为从平民阶层发展而来的韩国传统艺术,它不太可能与中国艺术有很大关系。

2. 盘瑟俚的发展

盘瑟俚的发展经历了形成期、全盛期、停滞期和复兴期四个阶段。

1754 年,《晚华本春香歌》已经以完整的形态出现,《裴裨将打令》

也有演唱,据此推测盘瑟俚形成于十七世纪末至十八世纪初。这一时期为朝鲜王朝由封建社会向近代市民社会过渡的转折期,盘瑟俚的内容和形式不可避免地打上了封建伦理观念和巫术文化的烙印,无论脚本文学内容还是艺术表演都显得较为幼稚,由河汉潭、崔先达、禹春大等人始唱。

十九世纪是盘瑟俚发展的全盛期,上层贵族文人的介入使盘瑟俚更加理性化和艺术化,盘瑟俚开始从民间走向社会,从地方走进王宫,成为王宫举行仪式时的演出节目。这时期先后出现了权三得、牟兴甲、申万叶、黄海清等著名唱家。该时期,盘瑟俚的集大成者申在孝(1812—1884年)对传统作品作了改编修订,并创作了许多新曲,通过名妓彩仙在全国传唱。

二十世纪初高宗末期,韩国在日本的侵略和西方现代文化的侵袭下,国势垂危,盘瑟俚也逐渐衰败。但1902—1909年间,盘瑟俚由协律社、园觉社发展为唱剧,出现了宋万甲、李东伯等名唱。

二十世纪六十至八十年代,韩国经济迅速发展,民族文化随之繁荣,盘瑟俚进入复兴期。

三、盘瑟俚的构成

1. 人物构成

盘瑟俚包括演唱者、鼓手和听众三部分,每一部分都不可或缺,在整个表演过程中发挥着各自独有的作用。

演唱者

演唱者是盘瑟俚表演的中心,通过唱、说、演来主宰、控制整个演出过程和情感脉络。“唱”是演唱者最重要的表现手段,盘瑟俚由丹田发声,是低沉、粗糙、沙哑、略带霸气的通声,以悲恨相融的“哀怨声”作为声音的最高境界,各种声调根据内容不同进行适当的变化。为丰富表演、展现艺人的技巧和才能,演唱还伴随有各种“技巧音”。总之,盘瑟俚的“唱”在其独特的声腔、技巧、唱调的完美结合下,能够巧妙地注入演唱者鲜明的个性和情感,完整地表现故事情节。“说”在盘瑟俚术语中叫“阿尼里”,是表演中不可缺少的手段,诙谐幽默的人物对话更是盘瑟俚的重要看点。“说”一般用于人物的对白、场景的过度、情节的切入和情绪的转换等场合。唱者通过"说"和"唱"的反复交替来控制表演的节奏和场内情感的起伏变化。"演"是演唱者在演出时根据剧情、场景的变换作出的表情和动作。演唱者手持扇子,这把扇子可以随时根据剧情充当武士手中的剑、文人手中的笔、船工手中的桨橹,无所不能。

鼓手

鼓手在演出中击鼓,端坐在演唱者的左侧,面向唱者,与唱者一唱一和、一呼一应,其作用可归纳为旁衬和伴奏两个方面。旁衬是指鼓手在演出过程中随剧情变化发出"啊""好""哎呀""当然"等感叹词和喝彩声,激励唱者的情绪,起到调节唱者的呼吸和歌声节拍的作用;伴奏是鼓手的基本职能,鼓手利用击鼓技巧击出剧情所需要的各种声响,以渲染气氛,其击出的刚柔、明暗、高低、长短的节拍与演唱者遥相呼应,可以衬托唱调、引领整场演出。

听众

听众也是盘瑟俚不可缺少的重要组成部分。盘瑟俚的听众不仅仅是来观剧、听戏的,还要一起参与玩乐。听众的参与主要通过与演员的情感和角色互动来实现,具体通过喝彩、拍手和自由舞动表达出来。

2. 音乐构成

盘瑟俚的唱调

盘瑟俚的基本唱调有三种,分别是平调、羽调和界面调,盘瑟俚唱调的这种称谓最初是从韩国宫廷正乐中导入的,《海东歌谣》等古文献中有对三种唱调的解释。

平调(平声):正大、温和、明亮,常用于兴奋、喜悦、欢快的场面;以56123为音阶,基本音是5,大部分以5结尾,也有以2结尾的,3一般略掉,6到5声音徐徐下滑,给人以平和、文雅的感觉;一般出现在羽调旋律的开头部分,如《春香歌》里的《爱情歌》。

羽调(叫声):雄壮、激昂、有力,给人以男性化的感觉,常用于表现庄严、气派的场面;以12356为音阶,基本音是1,常以1作结尾音,有时也以5作结尾,如《春香歌》中的《赤诚歌》和《赤壁歌》中的《桃园结义歌》。

界面调(哭声):清美、哀怨、凄怆,主要用于悲哀、怨恨、抒情的场面,是在韩国全罗南道"希娜禹"圈"六字音调"的基础上进一步演化而来的盘瑟俚最基本的旋律;以 61235 为音阶,基本音是 6,大部分以 6 结尾,也有以 3 结尾的情况,1 向 7 音过渡时一般徐徐下滑,但有时也会突然断落,7 音伴随着 1 出现并排于其后,不单独出现,3 发颤音,5 一般省略;界面调唱腔里充满女性的温柔、悲哀和怨恨。

盘瑟俚的"长短"

盘瑟俚有一种独特的艺术表现手法,包含了节奏、节拍、强弱、速度和感情等丰富内容,在韩语中称为"长短"。"长短"是朝鲜民族音乐独有的节奏节拍体系,是朝鲜民族音乐的基础和根本。盘瑟俚的"长短"既表现在唱者演唱的旋律中,也表现在鼓手的击鼓伴奏中。唱者的"瑟俚(声音)"和鼓手的"长短(节拍)"是盘瑟俚艺术不可或缺的两个主体。盘瑟俚的节拍包括基本节拍和由基本节拍派生出的变奏节拍,盘瑟俚的基本节拍主要有以下几种。

晋阳调:以 6 拍作为一组,共 4 组 24 拍。节奏非常缓慢,带有悲壮的感情色彩。

中莫里:12 拍,节奏比较缓慢,带有黯然的情调,常用于抒情或表现较平淡的情节,是盘瑟俚中用途最广、使用最多的节拍。

中中莫里:12 拍,比中莫里快,表现兴奋或悲愤的情感。

自振莫里:4 拍,节奏非常快,给人以明朗轻快的感觉。

挥莫里:4 拍,节奏最快,给人以兴奋和紧迫感,常用于慌乱场面。

欧莫里:5 拍,属于散调中的异类。盘瑟俚的"长短"一般以 3 拍为主,唯独欧莫里是 3 拍和 2 拍交替使用的混合拍子,形成 10 拍的节奏。

欧中莫里:6 拍,常用于曲子的收尾部分。

此外还有这些基本奏法派生的变奏法,如弹莫里、挥中莫里等。这些最基本的节奏和节拍演化成错综复杂、灵活多变的"长短",组合出了独具风格、别具魅力的盘瑟俚。

三、盘瑟俚的流派与代表作品

1. 盘瑟俚的流派

盘瑟俚是韩国的传统艺术,但它并非停滞不前,而是在发展过程中不断变化、重组,自然而然地形成了不同区域的不同流派。盘瑟俚主要有三大艺术流派,分别是东便制、西便制和中高制。

东便制主要流传于韩国全罗道东北部的南源、云峰、兴德等地区,唱腔多使用丹田的通声和郑重雄健的羽调,歌声收尾处采取断声法,明朗利落;节拍错落有致,不常使用技巧性的修饰节拍;代表人物有权三得、宋兴禄、宋万甲等。

西便制主要流传于全罗道西南部的光州、罗州、宝城等地区,唱腔一般采取表现哀怨声的界面调,重视发声技巧,擅长使用多样的技巧音,歌声收尾处使用悠扬拉长的余音;节拍追求多变的装饰性,特别强调演员娴熟的表演动作;代表人物有朴裕全、金采万、金昌万等。

中高制主要流传于忠清道与京畿道一带,唱法介于东西之间,唱腔平淡中不失高昂、低沉中不失明朗,在日本殖民后期已经失传;代表人物有廉季达、金成玉、高寿宽等。

2. 盘瑟俚的代表作品

盘瑟俚有短歌盘瑟俚、长篇盘瑟俚、伴唱盘瑟俚、绳渡唱盘瑟俚、唱剧盘瑟俚和新创作盘瑟俚等许多种类,其中,新创作盘瑟俚具有鲜明的时代色彩。盘瑟俚的十二个传统曲目中流传至今的有《春香歌》《沈清歌》《兴夫歌》《赤壁歌》《水宫歌》五首,而《卞钢锁打令》《雍固执打令》《裴裨将打令》《江陵梅花打令》《雌稚歌》《曰者打令》《假神仙打令》已经失传。其中最具代表性的有《兔子传》《春香歌》《兴夫歌》和《沈清歌》。

盘瑟俚的版本比较多,由于内容上的差异,即便是同一部作品,不同版本也有着不同的主题。这一点在《兔子传》的不同版本中有明显的体现。申在孝的《兔子传》里兔子说给子罗的是良药,实际上却是铁丸粪;李海朝的《兔子传》里,兔子只是逃跑了,在子罗想要自杀的瞬间,华佗出现,给了他一颗仙丹。前者的主题是告诫人们不要太愚蠢,后者的主题则是要有诚心。这样截然不同的主题与口碑文学的流动性和层积性息息相关,此外,对作品主题的把握还应注意表面主题和核心主题的共存。

盘瑟俚中流传最广的是《春香歌》,它以全罗道的南原为背景,讲述了退妓月梅之女春香和两班贵族李梦龙的爱情故事。等级森严的封建社会,出身贫贱的春香得不到认可,但她拥有与两班贵族相同的自尊心并认为自己有自主选择爱人的权利和对爱情忠贞不渝,塑造了一位具有自由意识的烈女形象。与之形成鲜明对比,反面人物卞学道则是无情、毒辣、滥用权力的官僚。由于初期盘瑟俚的听众大都是平民,所以正面人物通常设定为能给平民亲切感的形象,反面人物则是平民比较憎恶的类型。

《兴夫歌》讲的是贫困善良的兴夫在燕子帮助下成为富人的故事。贫民兴夫最后成为富人,体现了平民极力摆脱困苦成为两班的希望,与兴夫相反,他的弟弟乐夫为获得和守住财富不择手段,是有产者的代表。《兴夫歌》通过无产者和有产者的对立,反映了人类基本的生存问题。

《沈清歌》中,主人公沈清为治好父亲的病,把自己作为海神的祭物卖给了商人。沈清的牺牲行为是朝鲜王朝时期片面强调子女要对父母尽孝道的儒教伦理的产物。但是,剧中沈清没有死,而是获救成为王后,过上了荣华富贵的生活,体现了生活在水深火热中的庶民的梦想。盘瑟俚就是这样通过表现朝鲜王朝后期庶民的日常生活反映了现实的痛苦和浪漫的理想。

第八章　民俗游戏

民俗游戏是民间传承下来的具有乡土特色、与民族风俗习惯密切相关的古老传统游戏，它们能愉悦身心，同时让人们在传统与现代的结合中体会到浓厚的民族文化与民族的归属感、认同感、自豪感。因此，民俗游戏也是民俗文化的重要组成部分。

从民俗学的角度看，游戏不仅包括象棋、围棋、花图等为打发闲暇时间而进行的活动，还包括跳大神、假面舞、农乐乐器表演等宗教性祭仪活动。这些活动是作为共同体礼仪或活动的一部分进行的，因此也属于民俗学范畴。

最初的游戏从属于劳动，劳动收获的多少左右着游戏的时间。农耕社会，人们耕作收获的作物越多，进行游戏的时间就相应越长；相反，如果没有收获，游戏时间一样会大大缩减。文明的发展使人们能在较短的时间内获得较大的产量，休闲时间大大增加，于是相应产生了多样的民俗游戏，它们随着动态的社会发展过程逐渐展开、转变、发展和传承下来。

传统的民俗游戏产生于宗教活动或岁时风俗，包括民俗娱乐、民俗竞技、民俗游戏、民俗艺能、乡土娱乐等，它们包含了宗教信仰的成分，并兼有竞争性、娱乐性、大众性、技巧性和艺术性，是男女老少都乐于并易于参与的活动。参与民俗游戏可以使人们疲惫的身心得到放松，为应对新的挑战积蓄力量。由此可见，民俗游戏不是单纯的消遣活动，而是一种"生产再充电"的过程。

韩国的民俗游戏可以根据器具、季节、观念、地理、存在等进行不同的分类。大部分游戏属于岁时风俗的一部分，在一年中特定的时间配合特定的节日进行，因此可以按照阴历月份进行列举：正月的游戏有掷柶、跳板、索战、石战、纸鸢、假面剧、木牛戏、迎月、踏桥、车戏、野火戏、狮子舞等；二月有燃灯祭；三月有花煎游戏、节游、乡饮酒礼、弓术会、迎极乐、饯春等；四月有八日游戏、倡调剧舞踊影绘等；五月有端午游戏(荡秋千、摔跤)、脚戏、假面舞、狮子舞、假面剧、偶人剧、移秧农乐等；六月有流头游戏、三伏游戏、川猎(炎热的夏天到江边避暑)、除草农乐等；七月有百种游戏、互助游戏等；八月有秋夕游戏(脚戏、索战、假面剧、木偶剧、倡调剧、赛诗会)、龟戏、照里戏、圆圈舞等；九月有枫树游戏；十月有农功舞；十一月有独乐；十二月有独乐、纸鸢、从卿图等。以上列举的多为岁时民俗游戏，此外还有很多民间娱乐活动。韩国具有代表性的民俗游戏有放风筝、掷柶、荡秋千、跷跷板、踏索戏、跆拳道、摔跤、拔河、四物游戏(农乐游戏)、假面舞等。本章重点介绍跆拳道、摔跤、掷柶和四物游戏。

第一节　跆拳道

跆拳道(Taekwondo)是1500年前起源于朝鲜半岛的一项运用手脚技术进行格斗的民族传统武术。它是系统科学的格斗项目，不仅注重技术的传授，更注重身心的修炼，目的是使人们实现身体和精神的健康并提高生活质量。如今，跆拳道已经成为一项国际性的体育项目，受到世人瞩目，并于2000年悉尼奥运会时正式成为奥运会比赛项目。

"跆拳道"一词由"跆""拳""道"三个字组成，从字面意义上看，"跆"指腿或脚，作为动词有(用脚)踢、踏的意思；"拳"指拳头，有(用手)打的意思；"道"指方法规律。也就是说，"跆拳道"这个词语包含了两个概念：第一，跆拳道是一种正确使用拳和脚等身体所有部位的方法；第二，跆拳道是一种遏制斗争欲望(控制自己的拳脚)、使人镇静以维持和平的方法。综合起来，可以将跆拳道阐释为一种通过正确运用身体部位平息斗争、建设和平的方法。

跆拳道将韩国的花郎道与中国的武术以及日本的空手道融合在一起，因而同其他东洋武术有很多相似之处，但它也有自己独特的特点，如较注重腿法、动作迅猛、强调与精神的结合等。

跆拳道重视身体、精神、生活的协调以及姿势、角力、击破的协调。做跆拳道运动要保持平和的心态，以达到精神和动作的协调，并将这种协调保持在日常生活和社会生活中,从而把身体活动、精神修养与日常生活的原则统一起来。另外,跆拳道强调格斗中的克制,只给对手适当的攻击力和破坏力,不伤害对手。跆拳道不是一种单纯的格斗技术,而是在极端状况下抵御进攻、保护弱小、维护家庭安全和社会和平的武道。

一、跆拳道的起源与发展

人天生具有保护自己和亲人生命的本能,因此都在有意识或无意识地进行身体的活动,通过这些活动实现自身的成长和发展。远古时代,人们没有武器可用,只能靠赤手空拳的搏斗实现防御,在这样的搏斗中,人们渐渐习得了徒手搏斗的技巧,甚至在出现武器以后仍乐于用这种方式进行攻击和防卫,以显示自身的力量和武艺。

历史上朝鲜半岛三国时期,三国为争夺霸权,高句丽、百济和新罗三个国家都积极训练武士以增强实力。三国时代出色的国家首领几乎都是武士,武人在社会中发挥统治和支配作用。当时,各个国家都有自己的武人训练集团,将习武作为训练年轻人的主要科目。武艺教本《武艺图谱通志》中对跆拳道有如下叙述:"跆拳道是一种武艺的基础,是一种在任何危机情况下都能自由地运用手脚以及其他身体部位进行防御和进攻、并通过训练提高技能和力量的技术。"可以看出,从三国时代起,跆拳道就已成为一种较正式的武艺并有了较明确的定义。

高句丽的祭天仪式中就有格斗竞技,其后传到新罗,形成了有名的花郎道。花郎道以训练有孝心、忠心和爱国精神的年轻人为目的。688年,新罗统一三国,其大将金庾信即花郎出身。统一新罗时代,跆拳道得到大力推广。

高丽王朝(918—1392年)是继统一新罗之后又一个统一的王朝。高丽王朝期间,跆拳道得到了更系统的发展,并被确立为选拔武官的必修科目。很多年轻人参加跆拳道比武比赛,胜者成为军事将领,高丽通过这种方式选拔出了许多优秀的军事人才。随着技术和力量的不断发展,跆拳道在战争中甚至发挥着像武器一样的作用。但是,高丽王朝晚期,随着火药和先进武器的出现,跆拳道这样一种赤手空拳的格斗技术在战争中失去了优势,其作为民俗游戏和竞技向前发展的步伐也逐渐减缓。

朝鲜王朝(1392–1910年)初期,跆拳道仍然比较流行,但朝鲜王朝是一个深受儒家思想影响而注重文治的王朝,强调传统道德和文学艺术的重要性,武艺的作用大大削弱。直到壬辰倭乱以后,国家才决定恢复和加强军事训练,但随着后来新式武器的不断出现和现代化国防的发展,跆拳道的作用越来越微弱,并最终失去了中央政府的重视和支持。在后来的日本殖民统治期间,日本甚至直接禁止朝鲜进行包括跆拳道在内的所有民俗游戏,跆拳道的发展出现停滞,直到1945年光复这一状况才有所改变。所以在朝鲜王朝时期、大韩帝国时期和日帝统治时期的几百年期间,跆拳道呈逐渐衰落的趋势。

到了现代,跆拳道取得了突飞猛进的发展。事实上,在历史发展过程中,这一民俗活动曾有过很多不同的名称(如唐手道、空手道、手搏等),直到1955年4月11日,由韩国各界著名人士组成的名称制定委员会以无记名投票方式一致通过了崔泓熙将军提出的"跆拳"二字,从此才正式为跆拳道正名,开创了韩国武道的新世界。

崔泓熙将军幼时师从韩国著名书法家韩溢东先生,在学习书法的同时掌握了韩国的古典武道;青年时期留学日本,获空手道二段;1945年8月15日韩国光复后,崔泓熙将军在首尔与其他人组织创建了韩国军队,同时开始了新的武道研究。在他的潜心研究和不断实践(尤其通过军队的教授和普及)下,跆拳道得到突破性的发展。崔泓熙将军曾多次带领韩国跆拳道代表团访问其他国家,在世界各地表演和教授跆拳道,获得广泛好评。崔泓熙将军毕生致力于跆拳道运动的发展和普及,如今跆拳道运动能够在全世界引起如此大的关注,他功不可没。

1966年3月22日,来自韩国、越南、马来西亚、新加坡、德国、美国、土耳其、意大利、埃及等九个国家的协会在首尔正式成立了国际跆拳道联盟,这也是韩国历史上的第一个国际性机构。崔泓熙将军当选联盟总裁,跆拳道正式进入国际社会。1969年,第一届亚洲跆拳道锦标赛在香港举办。1973年5月28日,韩国在首尔成立了世界跆拳道联盟,金云龙任总裁。1974年,第一届国际跆拳道锦标赛在加拿大蒙特利尔举办。1975年,世界跆拳道联盟成为国际体育联合会的正式会员。1976年,荷兰举办了第一届欧洲跆拳道锦标赛。1979年成立了统一欧洲跆拳道联盟。1980年,世界跆拳道联盟得到国际奥委会正式承认。1981年,南太平洋跆拳道联盟和澳大利亚跆拳道协会成立。1982年,北美洲跆拳道联盟成立。1985年,崔泓熙总裁出版了《跆拳道百科大辞典》。

1988 年,跆拳道作为表演项目初次亮相首尔奥运会。2000 年的悉尼奥运会上,跆拳道成为正式比赛项目。

目前世界范围的跆拳道组织主要分为两个体系,即国际跆拳道联盟(International Taekwondo Federation,简称"ITF")体系及世界跆拳道联盟(World Taekwondo Federation,简称"WTF")体系,奥运会采用 WTF 体系。

二、跆拳道的技术与相关知识

世界跆拳道联盟规定:跆拳道比赛每场分三局,每局三分钟,局间休息一分钟;由于跆拳道的宗主国是韩国,所以比赛中所有口令都使用韩语;跆拳道属于有直接身体碰撞的激烈对抗性项目,因此比赛时运动员必须配备护头、护身、护裆、护臂和护腿等护具;比赛以拳的正面、踝关节以下部位进攻对方髋骨以上、锁骨以下被护具保护的躯干部位以及以两耳为基准的头部和颈部的前面部分,比赛中禁止出现抓、搂、抱、推等动作;名次根据得分判定,得分多者名次列前;奥运会中跆拳道按运动员体重分为男子 58 公斤、68 公斤、80 公斤、80 公斤以上和女子 49 公斤、57 公斤、67 公斤、67 公斤以上等八个级别的比赛项目。

世界跆拳道联盟 2007 年制定的跆拳道等级制度为十级十段四品制:十级是最低级,一级是最高级,一级之后进入段位,一段是最低段位,十段是最高段位。跆拳道不同的级别和段位可以从腰带的颜色及样式上区分:十级为白带,表示跆拳道知识一片空白,意味着处于入门阶段;九级为白带加黄杠;八级为黄带,表示大地,草木在大地里生根发芽,意味着处于基础阶段;七级为黄带加绿杠;六级为绿带,表示草木,成长中的绿色草木意味着处于进步阶段;五级为绿带加蓝杠;四级为蓝带,表示蓝天,草木向着蓝天茁壮成长,意味着已有相当高的水平;三级为蓝带加红杠;二级为红带,表示危险,意味着此时已具有相当的威力,用红色来克己和警告对手不要接近;一级为红带加黑杠,黑色是白色的对比色,表示技术已经纯熟、黑暗中也能发挥威力。这时候,经过长时间系统的训练,练习者已修完一级以前的全部课程,开始由红带向黑带过渡。黑带以后,腰带上用罗马数字Ⅰ至Ⅸ表示不同的段位,此外还可以用不同的肩章来区分:一至三段为学习阶段,称为"副师范";四至六段开始步入行家阶段,称为"师范",须由 ITF 或 WTF 晋级委员会考核;七段以上具备完美的技术和道德,须由 WTF 或 ITF 特别委员委进行评审,其中七八段称为"师贤",九段称为"师圣",是经特别组织评出的对跆拳道有重大贡献者,年龄须在五十三岁以上;十段为最高段位,年龄须在六十岁以上。四段以上的人有资格申报国际教练、国际裁判,并有资格担任道馆馆长或总教练。15 岁以下选手达到一段,授予"一品";16 岁以下选手达到二段,授予"二品";18 岁以下选手达到三段,授予"三品";21 岁以下选手达到四段,授予"四品"。

　　跆拳道练习者从低级别低段位升入高级别高段位需要经过严格的考试。国际跆拳道联盟和世界跆拳道联盟的考试内容和标准各不相同,但都按照一定的套路——即韩国人所说的"品势"或"格"进行。国际跆拳道联盟使用崔泓熙将军选定的二十四式作为考试套路,套路名称、动作数及演武线暗嵌了韩国的历史伟人和史实,为跆拳道爱好者提供了提高道德修养的精神食粮。二十四式表示一天有二十四个小时,启发人们珍惜时间、积极向上。这二十四式的名称分别是:天地(开辟鸿蒙,意味着人类历史的开始)、檀君(公元前 2333 年朝鲜开国始祖的名字)、岛山(反抗日本统治的独立运动家安昌浩的雅号)、元晓(把佛教传入新罗的高僧)、栗谷(朝鲜著名儒学家李珥的雅号;演武线是"士"字)、重根(刺杀伊藤博文的民族英雄)、退溪(朝鲜著名学者、儒学家李滉的雅号)、花郎(新罗著名的青年贵族军团)、忠武(粉碎丰臣秀吉侵略军的李舜臣将军的雅号)、广开(高句丽王朝的广开土王)、圃隐(高句丽王朝的忠臣、诗人郑梦周的雅号)、阶伯(百济著名的将军)、义奄(三一独立运动代表人物孙秉熙的雅号)、忠壮(十四世纪抗日英雄金德龄将军的雅号)、主体(独立自主的主体哲学;演武线是"山"字)、三一(1919 年 3 月 1 日的三一独立运动)、庚信(统一高句丽、百济、新罗的名将金庚信)、崔莹(高句丽王朝的重臣、著名将军)、渊盖(高句丽的勇猛将军渊盖苏文)、乙支(高句丽的著名将军乙支文德)、文武(统一高句丽、百济、新罗的文武王)、西山(组织抗击丰臣秀吉侵略军的高僧崔玄应)、世宗(朝鲜历史上著名的国君)、统一(半岛统一)。世界跆拳道联盟的考试套路与国际跆拳道联盟不同,分为太极一至八章和高丽、金刚、太白、平原、地跆、天拳、汉水、一如等品势,每种品势也都有其独特的起源、传说和象征意义。总之,两种体系对品势的定义都包含了韩国的历史、哲学、传统、文化等方面,具有浓厚的韩国特色。

三、跆拳道的精神

跆拳道注重身体与精神的双重修炼,其中跆拳道的精神尤为意义重大。跆拳道精神包括礼仪、廉耻、忍耐、克己、百折不屈等。

礼仪是人类要遵守的最高规范,是教化人类的手段,也是众多圣人君子们以身作则恪守一生的法规。跆拳道学员要尽力遵守诸多要求,主要包括:相互谅解;不诽谤或侮辱他人;谦虚、互相尊重人格;提倡人道主义和正义感;师父与学徒、前辈与晚辈的关系应明确;处事要符合礼仪;尊重他人的所有物;不论问题大小,都坚持公平原则,慎重处理;不送不收暧昧的礼物。

廉耻指要学会明辨是非。如果做错了事,无论孩童还是成年人都应受到良心谴责、自觉惭愧。

忍耐是一种优秀的品德。想做成一件事首先要设立目标,然后以持久的忍耐力不断向着目标迈进,才能如愿以偿。作为跆拳道人,无论遇到什么困难都要忍耐并逐步克服。

不论道场内外,克制自己都是非常重要的。双方对打因某些失误而受到下级或同僚的攻击时,若不能克制自己,感情用事加以报复,将会造成事故。不仅如此,不谦虚不节制、没有分寸地生活,一味盲目羡慕他人、爱慕虚荣,将会失去作为武道人的资格。

此外,真正的跆拳道人应该是谦虚、正直的。一个有正义感的人,不论对方是谁或人数有多少,都应该不畏惧、不犹豫、果断地前进。只有以百折不屈的精神向着既定目标倾注一切努力,才能取得成功。

跆拳道精神本身也是一种哲学,只有真正将这种哲学融入到跆拳道以及日常生活中,才能体会和理解跆拳道的精髓、提高生活质量、提升道德境界、实现身心健康。

第二节 摔 跤

韩国传统摔跤简单说来就是：参赛的两名选手将腿绳或带子系在右侧大腿上，互相抱住对方，手抓对方绑带，动用全身的力气和各种技巧将对手摔倒并以此判断胜负。在古代朝鲜半岛，摔跤还有其他的汉字别称，如"角抵""角力""角戏""相扑"等。原始社会，人们需要与猛兽及其他种族进行斗争，只有在斗争中获胜才能生存下去，于是格斗技术便作为一种生活手段发展起来，并随着人的理性、情绪的发展及社会的进步而逐步演化成一种武艺。

古代农耕社会非常重视祭礼活动，人们习惯将摔跤作为祭礼活动的余兴节目。每年阴历五月初五端午节，年轻力壮的男子都会和邻近村庄的人们聚在广阔的沙地或草地上，举行摔跤比赛，展示和炫耀自己的力量。另外，在阴历七月十五日，各地壮士也会聚集在一起，在数百名观众面前较量，选出天下壮士。阴历八月十五日中秋节，京乡各处的壮士们也会聚集在一起，为自己和家乡的名誉努力争取胜利。壮士们为了战胜对手，与对手紧紧地抓抱在一起，做出拉、扯、举、推等动作，同时还要配合腰部的旋转和腿的环绕、挡、踸等。总之，为获取胜利，摔跤者必须充分利用各项技术、最大限度地发挥自身力量。在古代农耕时代，本着"农者天下之大本"的思想，奖励摔跤比赛中最后的胜利者一头牛，以此鼓励人们更加勤劳地进行农业生产。

一、摔跤的历史

古代，人们赤手空拳或使用一些微不足道的小工具与外敌搏斗并捕猎动物。随着技术的进步，人们逐渐制造出刀、弓箭、枪等武器。随着人类文明的发展，很多生存技巧渐渐演变成体育竞技项目，如跑步等田径项目、拳击格斗等打击类项目以及将对手摔倒的摔跤类项目等。这些技术在原始社会占据着非常重要的地位，这从世界很多国家的遗迹及史料中可以得到印证，古希腊有摔跤的壁画；佛典中有释迦牟尼做王子时同兄弟提婆达多摔跤格斗的记录;《礼记·月令》及张平子的《西京赋》中描述了汉武帝时摔跤的盛况。

据传韩国的摔跤起源于遥远的上古时代,高句丽太祖朱蒙登上王位之前曾是桂娄部的族长,桂娄部曾与五部族长展开竞赛,竞赛项目中就有"角抵"。应该注意,中国文献将韩国摔跤称为"高丽技"或"撩跤",足见韩国的摔跤是不同于中国"角溟戏"和日本"相扑"的一种独特的竞赛方式。

关于韩国摔跤最古老的史料是 1905 年在我国吉林省集安县通沟角抵塚的玄室中发现的画有摔跤场景的壁画。另外,据《高丽史》记载,忠惠王曾让勇士们进行格斗和摔跤的比武,由此可知忠惠王对摔跤非常热衷。后来的《朝鲜王朝实录·世宗实录》中记载了世宗元年(1419 年)六月十五日国王与宗亲们将船泊在水中观看岸上军士们进行摔跤比赛的事情。松京志的实录记载中也描述了五月初五男子举行摔跤比赛的场景。此外,朝鲜正祖时代檀园金弘道的画中也很好地展现了摔跤的场面。

韩国传统摔跤成为一种现代化体育竞技项目是在 1927 年,姜乐远、徐相天、韩轸熙、姜璠求等人调查了韩国传统摔跤的实态,成立了朝鲜摔跤协会。在当时,韩国代表性的摔跤比赛有中央基督教青年会主办的全朝鲜摔跤比赛以及朝鲜体育会与朝鲜摔跤协会共同主办的全朝鲜摔跤锦标赛等。朝鲜体育会举办的全朝鲜综合竞技比赛从第 16 届(1936 年)开始将摔跤列为比赛项目,为摔跤注入了活力。1938 年 7 月,朝鲜体育会解体,全朝鲜综合竞技比赛被迫中断。

光复后的第二年(1946 年),大韩摔跤协会创立,首任会长为徐相天。在此之后,韩国开展了多次摔跤比赛,如全国摔跤锦标赛、全国种别摔跤锦标赛、全国壮士争夺比赛、全国壮士摔跤比赛等。摔跤运动将传统文化与民俗体育充分结合,具有十分重大的意义。但是,随着二战后西方竞技项目的普及和各种国际体育赛事的展开,体育项目职业化,传统的摔跤运动逐渐失去活力并一度出现停滞。为改变这种状况、扩大摔跤运动的影响、增强国民的体质,1983 年,韩国成立了业余和职业两个摔跤协会,在两个摔跤协会的主管下,韩国传统的摔跤比赛又活跃地开展起来。几年前,韩国广播公社主办的 KBS 杯全国壮士摔跤大赛为冠军提供了多达 100 万元的巨额奖赏,极大地鼓舞了摔跤选手的士气,为摔跤运动的传承和发展做出了重要贡献。如今,摔跤仍是韩国人津津乐道的传统民俗游戏。

二、摔跤的技术与相关知识

摔跤比赛中,参赛选手只穿摔跤短裤、系腿绳。关于腿绳的绑法,大韩摔跤协会制定了明确的规则:比赛中使用的绳为粗布所制,长度在3.2米以内,参赛选手将腿绳环绕右侧大腿根处系牢,注意使绳具有一定的伸缩空间,然后将腿绳从前向后围绕腰部转一圈后回到右腿系绳处,将缠绕腰部的绳与右腿的绳紧紧地系在一起。比赛时两名选手面对面站立,右肩相触,右手抓住对方左侧肋部的绳,左手抓住对方右腿上的绳。赛前准备姿势时,选手的右手不能抓超过对方肋部侧面中心线的位置,左手不能抓超过胯骨中心线的位置。互相抓住对方腿绳后,左腿略微后蹬。此时两人的头、背、腰、臀几乎在一条水平线上,两条腿起到如柱子支撑的作用。裁判员判定两人的准备姿势没有问题,选择两人呼吸一致的时机宣布比赛开始。先将对手摔倒者为胜,身体或手着地者为败。

摔跤比赛的场地有室外和室内之分。室外原则上采用沙质场地,沙子的深度应在0.5米以上,场地形状为直径7米的圆形,为避免危险,竞技场以外1.5米处还划有辅助线;室内比赛按规定应在软垫上举行,场地的大小和形状与室外场地相同。

摔跤比赛的技术有攻击和防御两种,攻击技术又可细分为抓、举、摔等,每种技术都需要将腿、腰和手的动作协调起来,动作连贯、一气呵成。如果不能集中力量将对方摔倒在地,就很容易被对方摔倒。因此,摔跤比赛不单纯是力量的角逐,更是糅合了各种技术与战术、斗智斗勇的过程,这也是人们喜欢观看摔跤比赛的重要原因。

三、摔跤竞技的价值

摔跤运动经历了长期的发展演变,现在仍是韩国的主要民俗游戏之一。五月初五端午节一直是四大节日之一,这天是全国共同休息和娱乐的日子,人们举行各种各样的活动,其中最具代表性的就是女子的荡秋千游戏和男子的摔跤竞技。直到现在,每年端午节,韩国各处的摔跤场都会聚满前来观战的人。

在古代,人们更多地把摔跤看成一种民俗娱乐活动,摔跤比赛不像现在一样有严格的制度。那时的摔跤对场地和设备的要求也不高,随地可以举行。而且,在那时,无论小孩、青年还是成年人,只要是男子都可以参加摔跤。除端午节外,人们还在四月初八浴佛节、七月百种节和八月中秋节等节日进行摔跤。摔跤运动具有锻炼身体、缓解疲劳、转换心情的效果,可以说,摔跤给人们的生活带来了很多乐趣,是一种重要的民俗游戏。

另外,作为一种体育竞技项目,摔跤也有其独特的价值。摔跤是一种全身的运动,能够有效地促进身体健康;摔跤将体力、技术和斗志糅合在一起,选手需要通过协调身体将各种技术应用在比赛中,同时还要善于发现对方的弱点、快速攻击,在对手攻击的时候要沉着应对,需具备一定的忍耐性。摔跤不仅要求选手有良好的身体素质,还需要较强的爆发力、高昂的斗志和良好的技术,能够培养选手多方面的能力。

第三节　掷柶游戏和四物游戏

除跆拳道和摔跤等竞技游戏外,韩国有名且普及广泛的民俗游戏还有掷柶游戏和四物游戏。掷柶游戏又叫"柶戏"或"掷柶戏",有时也译为"尤茨游戏"。这项游戏的历史非常悠久,据说从三国以前就开始流传,是韩国固有的民俗游戏。人们通常于正月初一至十五期间在室内游戏,它能够很好地活跃新年气氛、增添节日情趣。掷柶游戏区别于一般的赌博,是老少咸宜的民众娱乐活动。四物游戏则是风物游戏(即农乐游戏)的一种,是用四种农乐乐器进行演奏的传统民俗游戏。

一、掷柶游戏

掷柶是非常有趣的一种民俗游戏,规则也较为简单,所以现在仍备受韩国大众的青睐。玩掷柶游戏首先需要一个棋盘、四个柶和若干叫做"马"的棋子,掷柶游戏一般在 2-3 人之间展开,如果参加者过多,也可以分组进行。

现在常用的掷柶游戏棋盘是多由 29 个圆圈组成的正方形,每个圆圈是一格,20个格构成正方形的四周,内部对角线由九个格等分。29个格象征着天上的二十九星宿,最中间的一颗是北极星,剩下的28颗星环绕在北极星周围,这其实是北斗七星,随着四季的变化,七颗星会出现在四个不同的方向,于是就出现了28颗星环绕北极星的状况。从文献资料中可以看出,古代掷栖游戏的棋盘无一例外都是圆形,这与古代人"天圆地方"的认识密切相关,正方形的棋盘是后来才出现的。掷栖游戏对棋盘的质地没有特别要求,甚至可以简单地用笔在纸上画出。

"栖"是将圆木棍的三分之二削为平面制成的,横断面近似半月形,一般长约20厘米左右,不同地方的栖有不同的质地和形状,在比赛中起着骰子的作用。栖突出的圆面表示天圆,平面表示地平。栖有四个,这是代表地的数字;栖相互组合出现五种情况,五是代表天的数字。棋子以此为基础移动,体现出太阳的运转。最短的路线"水——木——土——水"表现的是冬至,这时白天的时长最短;最长的路线"水——木——土——金——水"表现的是夏至,这时白天的时长最长;"水——木——火——土——水"和"水——木——火——土——水"的路线则分别表示春分和秋分。栖分女用和男用两种。女子用的栖由檀木制成,触感较好,涂有漂亮的颜色,互相撞击时声音清脆悦耳;男子使用的栖则由栗木制成,相对较大。

棋子(也叫"马")是用木头削成的小块,也可以用石子之类的物品代替。

进行掷栖游戏时,先大喊一声将栖向上抛出,然后根据栖落地的状态计算得分。如果四个栖中只有一个平面向上,叫做"叨",即"猪"的意思,得一分,向前走一步;如果有两个平面向上,叫做"盖",即"狗"的意思,得两分,走两步;如果有三个平面向上,叫做"格尔",即"羊",得三分,走三步;如果全部平面向上,叫做"尤茨",即"牛",得四分,走四步;如果四个朝上的面全是凸面,得五分,走五步,这叫做"冒",即"马",扔出"马"可以再扔一次。韩国古代盛行图腾崇拜,夫馀族时代以猪、狗、羊、牛、马五种动物的名字命名了五个部族,游戏中五个动物的名称就反映了远古时代各部族繁衍生息并彼此不断竞争的状况。棋子按照栖指示的数字从正方形的一个顶点开始移动,最先回到起点者获得胜利。正方形的棋盘共有四个顶点,棋子走到第二或第三个顶点时可以沿对角线移动,也可以经过中心直接到达终点。也就是说,从理论上讲,如果连续扔出四次"马"就可以在最短时间里获胜。如果想到达终点,必须准确地扔出与剩余步数相应的数字。比如离终点还有两步时就要扔出"盖"才能结束游戏,如果扔出了比剩余步数多的数字,只好向后退足多余的步数。如果两人的棋子到达同一位置,后来的棋子就抓住了先到的棋子,被抓的棋子要重新回到起点,而抓到棋子的人可以再扔一次。如果到达同一位置的棋子属于同一组,可以将两个棋子看作一个,背向前进,这样可以加快前进的速度;但是如果被对手抓住,两个棋子必须同时回到起点,因此也承担着双重风险。

现在的掷栖游戏完全是一种借以助兴的传统民俗娱乐活动,它最初是由"掷栖占卜"演变而成的。掷栖占卜通常简称"栖占",是农民们在岁初占卜新的一年农事吉凶的习俗,集中体现了古代农耕社会的特点。

栖占有两种:一种是众人分成水畓和天水畓两队,以团体的方式进行比赛,用比赛的胜负预测一年的收成;一种是个人的占卜,由一个人连续抛栖三次,根据出现的数字占卜一年的运气,三次抛出的数据会有三个卦象,从 111 到 444 共有六十四卦。

古代的农民非常重视掷栖占卜,都期待新的一年能有好的收成,这也是掷栖之所以在正月——一年开始的时候进行的原因。经过了漫长的发展,掷栖游戏逐渐失去了其本来意义,演变成今天单纯的民俗游戏。

二、四物游戏

四物游戏是风物游戏(即农乐游戏)的一种,是用四种农乐乐器进行演奏同时配合舞蹈的传统民俗游戏。四物游戏可在室内或者室外表演,不过,在室内表演,如果空间太小,音质会因回声而有所减弱,因此,在比较大的场地演奏会有更好的效果。因为使用打击乐器,重视节拍,多种乐器相互合和,少有悲伤消沉的感觉,因此会给人带来欢快和希望。而且,四物游戏没有太多的制约与技巧,比较自由和大众化,因此备受韩国大众的青睐。

最初的四物游戏是在寺庙里演奏的,四种乐器分别是法鼓、云板、木鱼和梵钟:用野兽皮制成的法鼓可以拯救陆地上的四肢禽兽的灵魂;鱼型的木鱼代表水里的游鱼;象征云的铁制云板可以指引天上的鸟;发出净化灵魂声音的梵钟可以引导人类的肉体和灵魂。后来,四物逐渐演变为鼓、锣、木铎和太平箫(唢呐),并在后来确定为小锣、锣、长鼓和鼓。

在农耕社会,四物游戏成为农民的娱乐活动,集合音乐、杂耍、舞蹈与民俗仪式,企求及庆祝全村丰收。表演者穿上传统的韩服,以强劲的敲击节奏、活跃的动作及高亢的兴致,表现对大自然的尊崇敬意。

关于四物游戏的由来,主要有祈愿农事顺利说、军乐说和佛教音乐说三种观点。三种观点各有其根据:传统的跳大神活动中包含娱神、捉鬼等内容,这些都与农业社会的信仰和风俗密切相关,体现了对农事顺利的企盼;摆阵、令旗和战笠(军人戴的帽子)等与军事相关的方面反映了四物游戏的军乐要素;最初的四种乐器和蝴蝶舞等舞蹈又体现了佛教的因素。

日本殖民期间,日本为贬低韩国的传统文化,将韩国的传统音乐命名为"农乐","农乐"一词最初出现于1936年朝鲜总督府发行的《部落祭》一书。由于这个词中含有日本殖民政权对韩国传统文化的侮辱,光复后韩国将这种农乐游戏的名称改为"风物游戏"。

"四物游戏"这一名称正式确立于1978年。当年"四物游戏"演出团体成立,促进了韩国传统音乐的复兴,且由于农乐演奏团体的不断介绍和大力宣传,这项民俗游戏逐渐普及,并以其动听的音乐和巧妙的演奏得到了海外的广泛关注。"四物游戏"团体最初的四人组合是小锣手金龙培、锣手崔太贤、长鼓手金德洙和鼓手李钟岱。他们又严格挑选了三十多名学生教授四物游戏,主要演奏的音乐有湖南右道农乐、盘跳神、三道农乐等。

"四物游戏"团体逐渐发展壮大,形成了专门的机构。几年间,他们先后应邀在美国的纽约、洛杉矶、波士顿、芝加哥、夏威夷等地进行演出,并于1985年获得百老汇奥比奖(对海外优秀作品的年度奖励)。1988年,"四物游戏"团体作为陪同首尔奥运圣火传递的代表,于圣火传递过程中先后在德国、奥地利、英国、瑞典、瑞士、日本、中国、澳大利亚、希腊等地演出。1991年,四物游戏演奏团体应邀在世界综合艺术节上演出,获得广泛好评。除演出外,"四物游戏"团体还在首尔音乐学院教授四物游戏,并出版了相关书籍、发行专辑,致力于这项传统民俗游戏的传承和发展。近日,很多韩国传统文化艺术在西方文化的强势冲击下渐渐衰落,正是在"四物游戏"团体等组织的不断尝试和不懈努力下,韩国的传统民俗游戏才得以继续传承并受到世界的广泛关注。

参考文献

中文图书：

[1] 韦旭升. 韩国文学史 [M]. 北京：北京大学出版社, 2008.

[2] [韩] 金得榥. 韩国宗教史 [M]. 柳雪峰译. 北京：社会科学文献出版社, 1992.

[3] [韩] 赵润济. 韩国文学史 [M]. 北京：社会科学文献出版社, 1998.

[4] [韩] 崔吉城. 韩国民俗纵横谈 [M]. 沈阳：辽宁民族出版社, 2003.

[5] 何劲松. 韩国佛教史 [M]. 北京：社会科学文献出版社, 2008.

[6] 扈贞焕. 韩国的民俗与文化 [M]. 台北：台湾商务印书馆股份有限公司, 2006.

[7] 金京振. 中韩宗教思想比较 [M]. 北京：中央民族大学出版社, 2010.

[8] 卢吉明. 韩国民族宗教运动史 [M]. 北京：中国社会科学出版社, 2009.

[9] 王春来. 基督教在近代韩国 [M]. 北京：中国社会科学出版社, 2000.

[10] 邢丽菊. 韩国儒学思想史 [M]. 北京：人民出版社, 2015.

[11] 杨昭全. 韩国文化史 [M]. 济南：山东大学出版社, 2009.

[12] 俞成云. 韩国文化通论 [M]. 南京：南京大学出版社, 2015.

[13] 钟敬文. 中国民俗史（6 册）[M]. 北京：人民出版社, 2008.

[14] 钟敬文. 民俗学概论 [M]. 上海：上海文艺出版社, 2009.

[15] 钟俊昆. 韩国民俗生活的记忆与叙述 [M]. 北京：中国社会科学出版社, 2016.

韩文图书：

[1][韩] 国立民俗博物馆(2010),韩国民俗学,韩国国立民俗博物馆 .

[2][韩] 金东旭等(2001),韩国民俗学,新文社 .

[3][韩] 金基德等(2006),韩国传统文化论,BOOKKOREA.

[4][韩] 金仁会(2003),韩国巫俗思想研究,韩国学术情报 .

[5][韩] 金善丰等(1992),韩国民间文学概说,国学资料院 .

[6][韩] 金允植等(2008),韩国现代文学史,首尔大学出版部 .

[7][韩] 柳承国(2008),韩国儒学史,成均馆大学出版部 .

[8][韩] 罗素暎(2005),韩国文化史,语文学社 .

[9][韩] 权基钟(2004),佛教思想史研究,韩国佛学研究院 .

[10][韩] 尹贞淑(2011),韩国的住居与生活,教文社 .